语文之境

为生长而教

丁之境 著

南方出版传媒
花城出版社
中国·广州

图书在版编目（CIP）数据

语文之境：为生长而教 / 丁之境著. -- 广州：花城出版社，2021.8
ISBN 978-7-5360-9471-0

Ⅰ. ①语… Ⅱ. ①丁… Ⅲ. ①语文课－教学研究－中小学 Ⅳ. ①G633.302

中国版本图书馆CIP数据核字(2021)第164391号

出 版 人：肖延兵
策划编辑：林宋瑜
责任编辑：林　菁　揭莉琳　梁宝星
技术编辑：凌春梅
封面设计：庄海萌
内文版式：姚　敏

书　　名	语文之境：为生长而教 YUWEN ZHI JING：WEI SHENGZHANG ER JIAO	
出版发行	花城出版社 （广州市环市东路水荫路11号）	
经　　销	全国新华书店	
印　　刷	广东鹏腾宇文化创新有限公司 （广东省珠海市高新区唐家湾镇科技九路88号10栋）	
开　　本	880毫米×1230毫米　32开	
印　　张	11　3插页	
字　　数	213,000字	
版　　次	2021年8月第1版　2021年8月第1次印刷	
定　　价	58.80元	

如发现印装质量问题，请直接与印刷厂联系调换。
购书热线：020-37604658　37602954
花城出版社网站：http://www.fcph.com.cn

序 以文人本心，达生长之境

岁月不居，时节如流。转眼间，我和丁之境老师相识已将近16年了。

丁老师自2001年起任教于广东实验中学，是我的同事。早在认识他之前，我就已经听说他在语文教学和班级管理上都能独当一面。但是，直到2005年9月，我们才终于有机会成为同一个年级同一个备课组的"战友"。更加意想不到的是，自那以后，我们开启了学科教学、德育管理、编书著述、课题研究、名师工作室等诸多领域的合作，变成了很好的工作拍档和朋友。

时至今日，丁老师已经历练过不少岗位，拥有了很多头衔，粗看起来似乎行政职务的影响力越来越大，但是在我看来，他一直保持着文人的本色。这些年里，我有幸亲眼见证了他的真诚为人和严谨治学，见证了他在教师专业发展之路上的跋涉与成长。毋庸置疑，改变的是时间和环境，不变的是他的教育本心。所以，无论何时何地，我总是习惯性地称呼他为"丁老师"，一如早已远去的16年前。

一

以书养气，以文会友，丁老师确乎是一位骨子里带有典型文人气质的语文人。

自古文人多风雅，古代的文人墨客普遍比较注重修身养性，吹箫抚琴、吟诗作画、登高远游、对酒当歌、品茗对弈基本就是他们日常生活的生动写照。丁老师也是风雅之人，细腻诗意，却绝不矫揉造作。他养花，在精心侍弄的过程中捡拾点滴乐趣；他写诗，用优美的语句发朋友圈；他摄影，给喜欢的照片设计配文；他读书，从休闲阅读到专业阅读，在浩瀚书海中自在遨游是他主要的生活方式；他撰文，几十年如一日，寄情翰墨，笔耕不辍，不仅自己坚持写，还带着学生一起写。师生同题打擂，共写共生，其乐融融。

而那些厚积薄发的文章中，有他对生活的观察：一张校园里孩子的笑脸、一圈行道砖缝中的天胡荽……点点滴滴，他都用意趣之心去欣赏，并挖掘出其中的美和文化。你瞧，因着谷雨时节他追忆自己的青春岁月，因着绿树红花的肆意生长他惭愧于一时的多愁善感。一碗河南家常的蒸卤面，本是快餐类的普通食品，他用工匠精神精心烹制，居然从中发现了"低调内敛、克制谦抑、平和务实"的中和之美，以及中华民族"法天地万物之形态，集合万物优点于一身"的融合思维之大智慧。可以说，他的眼中有人间烟火，他的心里有星辰大海。

当然，这些文章里，更多的篇章涉及的是他的专业。教室里的故事、教学中的案例、授课后的反思、实践时的领悟……这些片段组合起来就构成了充实完整的教育生活。丁老师化身一根会思想的芦苇，认认真真又无比热爱地把它们一一记录下来，以群蚁排衙似的文字验证了他自己提出的"用文字记录生活，用思想点亮生活"的写作理念，也给那些追随他的莘莘学子提供了有益的启迪：写作不为媚俗，不能投巧，不是追名逐利，也不是应付差事，而是一种源于内心的自觉与自省。换句话说，写作应该是一种生活习惯，甚至就是生活本身：你如何生活，你就如何写作。

因为这样一些与当今喧嚣的大环境格格不入的闲情逸致，丁老师静得下心，沉得住气，少了些浮躁，多了些情怀，堪称一位"坐得住冷板凳，生得出定慧心，下得了苦功夫"的本色文人。我和同事都有一种共识：丁老师的文人气质与语文这门学科的人文特性高度契合，他在为语文代言，语文也正因为他焕发出新的光彩。

不过，丁老师又是迥异于我们传统认知中的古代文人的。

一方面，他思想纯粹。这种纯粹不是古代文人所固有的伤春悲秋或末路困兽式的忧郁与软弱，而是目标坚定、不掺杂质，是知行合一、雷厉风行，更是容不得虚假，容不得庸俗，容不得随波逐流，也容不得敷衍塞责的浩大刚正。所以，倘若见到学生、同事或朋友做了不正确的事情时，丁老师定会直截了当地指出来，并及时给予改进的建议。这样的他不怒自威，风骨天成。做了亏心事的人无法在他的目光中面不改色心不跳，而襟怀坦荡的人则会对他满怀敬重与信赖之情。

另一方面，他生活精致。古代文人常常放荡不羁、不拘小节，丁老师却温文尔雅、一丝不苟。这一点单从他的衣品就可以窥见一斑。丁老师是一个衣着讲究的人，这种讲究不是对奢侈品牌的追求，或是对色彩造型的执拗，而是对自我特点的准确定位和对自我风格的热情坚守。从休闲中山装到国风T恤，从汉元素男装到毛线开衫，他的衣品干净简洁、儒雅知性，每一种着装反映出的都是他毫不苟且的生活态度。有时见他穿着汉服外套一手插在裤兜里一手拿着话筒，一边悠闲地踱步在学生中间，一边娓娓地点评着经典名篇，那份从容竟有"羽扇纶巾，谈笑间，樯橹灰飞烟灭"的气度。

我想，"谦谦君子，温润如玉"描述的应该就是丁老师这样率性而不张扬、庄重而不压抑、纯粹而不单调、精致而不寡淡的人吧？

二

古人云：文如其人。事实上，课亦如其人。乐于思考、勤于研究的丁老师自带学者风范。他的为人看似温和，实则刚健；他的课堂看似寻常，实则奇崛。

宏观来看，丁老师的语文课导入阶段不会刻意煽情或激趣，主体部分也较少情绪的跌宕起伏，整体氛围趋于理性平和——当然，有时偶尔会让人期待一场情感的暴风雨。他的每一次教学都是一段寻根究底、生成智慧、积淀文化，进而寻找精神家园的征程，那份静水流深的内涵吸引着所有的听课者"缘溪行，忘路之远近"，渐入佳境后"复前行，欲穷其林"，而师生双方钻探的热忱则"有如向地壳寻求宝藏。仰之弥高，越高，攀得越起劲；钻之弥坚，越坚，钻得越锲而不舍"。

中观来看，"寻求宝藏"式的深入探究是丁老师的语文课留给我最深刻的印象。新课程标准"积极倡导自主、合作、探究的学习方式"，主张把学习和发展的权利还给学生，以满足学生的好奇心、求知欲，激发学生的主动意识和进取精神，为培养他们终身学习的能力奠定基础。在丁老师的语文课上，"探究性学习"不是一时兴起，而是教学常态。置身于他有意营造的学习情境中，孩子们发现问题、调查研究、辨析讨论，最终获得了知识、技能、情感、态度、价值观等多方面素养的综合提升。

梳理一下书稿中的阅读课例，丁老师和他的学生探究的问题大致可以分为以下几类：

1. 文章遣词造句的妙处。例如：《观沧海》为什么是东"临"碣石而不是东"到"碣石？诗歌的题目为什么是"观沧海"而不是"看沧海"？

2. 作者含蓄表达的思想感情。例如：写下"东皋薄暮望，徙倚欲何依"等诗句的王绩究竟想要"归依何处"？

3. 作品谋篇布局的奥秘。例如：《蒹葭》中的三章在同一位置换字之后，意蕴有没有发生变化？

4. 经典成为经典的原因。例如：从豪言壮语满天飞的二十世纪五十年代脱颖而出，贺敬之的《回延安》成为一首诗的魅力到底是什么？

5. 文学作品的科学评价。例如：散文贵在真实，茅盾笔下的白杨树是写实的吗？

6. 学生感兴趣或感到困惑的其他问题。例如：曹操"东临碣石"究竟是"向东行进登上了碣石山"还是"从山的东面登上了山顶"？《生于忧患 死于安乐》中的"征于色，发于声，而后喻"该怎样理解？在《西游记》第九十九回，悟空即将成佛时，如果让他在成佛和回花果山之间选择，他会做出怎样的决定？

很明显，这些问题正是丁老师开展语文教学的基础和依据。其中，前5类问题是丁老师基于引导的需要提出来的，可以看出他备课时解读文本的脉络与方向。这同时也给学生提供了学习语文的范例。子曰："其身正，不令而行；其身不正，虽令不从。"设想一下，每一节语文课上，丁老师跟学生们侃侃而谈，引经据典，谈古论今，旁征博引，深入浅出。那些出乎意料的提问和打破砂锅问到底的追寻，哪一个不是在示范如何读书？那些脱口而出的诗词典故和信手拈来的名言警句，哪一个不会吸引学生更加用心地增加知识储备？

至于第6类问题，基本是学生随着学习的推进自主生发的疑问，它们的出新出彩完全有赖于丁老师对学生的启发、尊重与呵护。美国著名学者布鲁巴克曾经精辟地指出："最精湛的教学艺术，遵循的最高准则就是让学生自己提出问题。"丁老师以他的育人本心和教学智慧，带着学生发现问题、提出问题、分析问题、解决问题，用一次次高强度的探究性学习，提高了学生对语言文字的敏感度，提升了学生对艺术经典的鉴赏品位，培养了学生对事物的多元思辨能力，传递给学生中国文人对人生百态的忧患意识和探索精神。

微观来看，丁老师的语文课正像他自己期待的那样，是"生长的，是自由、快乐的，并能真正触及学生心灵的"。学生的自由、快乐生长源自老师有温度、有智慧的爱护，学生的心灵被触动、思想被点燃是因为老师在教学时敞开了心扉、投入了真诚。为了帮助学生体验到生长之乐，丁老师因材施教，不放过每一个契机，在学生需要时提供了清晰、扎实、有效的学习指引。

譬如上《西游记》阅读交流课时，学生用"我原以为_____，读了之后才发现_____"这个句式来分享自己的阅读新发现，因为话题开放，发言者侃侃而谈：

生1：我原以为情节会很枯燥，读了之后才发现这是一个很有趣的故事。书里面的孙悟空和猪八戒都是非常可爱的人物。

师：从枯燥到有趣，很好的阅读初感。我们的发现，可以是情节、主题等宏观的，也可以是书中容易被忽略的一些细节。好，接着到你了。

生2：我原以为《西游记》里面的妖怪都是邪恶的，读了之后才发现原来每个妖怪都有各自的性格，有些妖怪还挺可爱的。

师：你读出了妖怪的可爱，能不能举个简单的例子呢？

生2：比如说红孩儿，书中对他的心理描写，让我想起自己的一些体验，觉得红孩儿非常有趣。

师：有道理，文学作品中的细节总能让读者勾连到自己的生活体验，这一点非常好！

生3：我原以为唐僧是一个圣人，但读完之后觉得唐僧很懦弱，有时候还会冤枉人。

师：唐僧的确有懦弱的一面，白马被吃了，一开始唐僧在那里哭，哭得泪流满面的，还哭了老半天，当然这也可以说是唐僧可爱的一面。好，到你了！

生4：我原以为孙悟空是一个调皮而且无法无天的人，读了之后我才发现他其实是一个重情重义的人，在三打白骨精的时候，师父赶他走，但因为他记住了对菩萨的承诺，几次都没有走。

师：这位同学发现了孙悟空的形象一直都是在变化的，从开始的顽劣到最后变成一个人格相对完善的人，变成了我们心目中的英雄。好的文学形象是立体的、变化的。

面对学生的自由发挥，老师如何点拨不仅是一门技术，更是一种艺术。丁老师重视每一个站起来发言的学生，以学情为起点，以生长为宗旨，和他们每一个人都进行了直接对话。

第一个学生的回答虽然真诚，但很宽泛，"枯燥、有趣、可爱"的评价比较俗套，丁老师"点"中有"拨"，首先肯定了阅读初感的价值，然后提醒他要留意"书中容易被忽略的一些细节"；第二个学生的回答定位在妖怪的形象上，虽然措辞不够新颖，但是见解有一点创意，丁老师"点"中有"评"，先取其精华，让学生举例证明自己的观点，使模糊的概念具体化，再评议阅读文学作品应该要勾连到自己的生活体验；第三个学生的回答十分感性，口语化的表达背后是掩藏不住的童真，丁老师"点"中有"扶"，承接学生的发言，先为他补充了具体事例以示认可，在师生之间搭建起共情的桥梁，然后不动声色地表明了对唐僧"懦弱"特点的辩证看法；第四个学生的回答有理有据、思维严谨，丁老师"点"中有"导"，在学生发言的基础上概述了孙悟空形象的成长变化，暗含着对整本书阅读方法的指导，并据此对好的文学形象的特点进行了提炼。

对比这节课后半阶段学生精彩迭出的发言，谁能说学生的思考之深入、表达之精当与老师充满大爱、极具艺术性的支持和指引无关呢？走一步，再走一步，丁老师引领学生感受着探究的快乐，在不知不觉中帮助每一个孩子拔节生长，实现了能力和素养的螺旋式进阶。

三

"为生长而教"是丁老师的教育理念。"生长"一词并不是丁老师的首创，但是他用"生长"诠释他的语文教学，借助语文实现了自我生长和共同生长，便使"生长"的内涵真切起来，让我们看到了生机勃勃的发展进程和万紫千红的生命盛景。

这些年来，繁忙的工作之余，丁老师把教学教研结合起来，边实践边总结，在文言文、写作、整本书阅读等多个方面进行了专题研究，逐渐形成了自己的特色成果，再以文章为载体，通过写作把研究成果保存下来，以教研论文、教育专著、微信公众号等形式留下了宝贵的资料。成功永远属于那些持之以恒的奋斗者和拼搏者。在学习—反思—实践—再反思的过程中，丁老师已经由一位经验型教师成长为一位研究型教师，成为很多同行研究和学习的对象。

难能可贵的是，丁老师没有止步于自己一个人的生长，而是满怀赤诚地追求着共同生长。他懂得"一枝独秀不是春，百花齐放春满园"的道理，竭尽所能地用自己对生活、对教育、对语文的热爱去感召身边的年轻老师，又在名师工作室的平台上激励和帮扶更多的志同道合者。因为他的带动，很多人"生命里潜在的种种可能性转变成了现实"。

一位来自佛山的工作室学员曾这样说："做语文老师，若能将教室课堂和生活课堂都兼顾到，教之以天地人事，生命自觉便会悄然萌发……感谢与丁之境名师工作室的相逢，在这个教研共同体和成长共同体中，我的语文生命开始走向自觉。"

由被动成长到自觉生长，这是一个多么美好的转变啊！

春来草自青，秋至叶飘零，世间万物都遵循着自然规律，当生则生，当落则落，如同时间的脚步不会因为任何人、任何事而停滞不前。唐代诗人张九龄写过著名的诗句"草木有本心，何求美人折"，意思是一草一木原本都有自己的本心，它们不会为了美人的折取、欣赏而刻意改变。无论环境如何错综复杂，它们只是顺从自己的本心生长着，不为外界事物所拘泥。

草木有本心，人何尝不是如此呢？然而我们当中的很多人却在社会的浸染中忘记了自己的本心，遗失了内心的本真和宁静。丁老师相信每一个生命个体都具有独特的光华与潜能，每一个生命都应该以其自然之伟力促使自身提升。他坚守着这份教育本心，以燎原星火的生命姿态唤醒、推动其他的生命。在他的影响下，他的学生、他的工作室学员都先后走向生命自觉，贮蓄了自觉生长的蓬勃力量。

我想，我们每个人都应该像丁老师那样怀揣梦想，孜孜践行，不断地向下扎根，向上生长，直到自成高格。

谨以此文字，感谢丁老师给予我的信任、帮助和启迪，兼祝新著出版。

楚云
2021年5月20日于广州

楚云：中学语文正高级教师，特级教师，"广东特支计划"教学名师，广东省教育教学成果奖（基础教育类）一等奖获得者，广东省初中语文名师工作室第二批、第三批主持人，广东教育学会中学语文教学专业委员会常务理事。著有《从此爱上语文》《我们的五彩青春季》等。

代序

用生长诠释语文教学

作家苏童说，语文是什么？我们以为已有答案，其实还需探求。

的确，语文到底是什么，众说纷纭，比如"口头为语，书面为文""语言和文字""语言和文学""语言和文章""语言和文化"等。这些表述从不同角度阐释了语文的内涵，但很难取得大家的一致认同。因为语文的内涵不仅具有丰富性、多重性，而且还是一个不断发展、不断生成的动态概念，的确很难给语文一个定义。

我认为语文难以定义，但可以被诠释，因为每一位成熟的有专业追求的语文老师都需要有自己的教学主张和教学理念。如果让我用一个词语来诠释自己的语文教学，我会毫不犹豫地选择"生长"——我一直在努力，希望自己的语文课能带给学生智慧的启迪、愉悦的享受、永恒的生长。为生长而教，既是我对语文教学实践的思考，也是我对理想语文教学的追求。

"为生长而教"的教学理念首先来源于我个人的成长经历。我来自乡村，从小接受的是乡村教育，但我很幸运地拥有目光长远的父母，是我那不识字的母亲告诉我书是世界上最香甜的东西，是我那热爱看书的父亲让我从小就爱上了读书，他们在我幼小的心里种下了阅读的种子，让我体会到了读书的快乐，让我通过阅读看到了外面更广阔的世界。我的幸运之二是在接受基础教育的每个阶段，都遇到了一位优秀的语文老师，他们把汉语言文字之美深深植根于我的内心深处，培养了我对语文学科的浓厚兴趣，在引领我认认真真读书、写作、说话中培养了我的语感，在言语实践中训练了我的表达，在言语生长中构建了我的精神家园。正是得益于此，我才能在一次次残酷的升学考试中胜出。进入大学的我，如鱼得水。宏伟的图书馆像书的海洋，我跳跃而入，畅游其中，开启了"半床明月半床书"的大学生涯。阅读继续滋养着我，丰富着我，提升着我。"人间自是有书痴，此事不干名与利"，大学毕业，我把教书看成了读书的最高境界，并且很荣幸地成了百年名校广东实验中学的一员。回顾一路走来的人生历程，我不就是家乡贫瘠土地上的一粒种子吗？我有生长的渴望，父母、老师、学校给我提供生长的各种条件，我开始向下生出根芽，向上长出嫩枝，凭着天生的生长力量不断生长，不断发展，把生命里潜在的种种可能性转变成了现实。我希望自己也能成为学生生命成长中的引导者、帮助者。

其次,"为生长而教"的教学理念有着深厚的学理依据。"教育即生长"的思想源远流长,最早可以从东方老庄哲学"道法自然"中找到依据,还可以追溯到西方自然主义教育哲学。

我国"教育生长"思想的苗头最早可以追溯到道家学派中的哲学思想。道家学派创始人老子提出了"道法自然""无为而治"的思想。庄子继承并发展了老子的学说,主张回归自然,构建一种有生命的生活,实现个体的人格价值。从"无为"的观点出发,庄子倡导天性自由发展,不受外界束缚,拥有着独立的精神和自由的灵魂,在融入自然的过程中不断发展。

18世纪启蒙运动时期,卢梭提出了自然教育理论,其核心是"归于自然"。自然主义教育思想倡导的是自然主义和儿童本位主义的教育观。卢梭认为,教育必须遵循自然,顺应人性中的原始倾向和天性,强调儿童在活动中的自然成长。到了20世纪,受美国实用主义哲学和进步教育思潮的影响,杜威在卢梭自然教育思想的基础上进一步发展,提出了"教育即生长"的观点。杜威把"更多的生长""更多的教育"作为教育的宗旨,其用意在于反对传统教育无视儿童生活的需要,无视现实环境的需要。在杜威的著作中,生长和发展几乎是同义词,他在《民主主义与教育》中给出的结论是:"生命就是发展;不断发展,不断成长,就是生命。用教育术语来讲,就是:(1)教育过程本身就是目的,教育过程之外不存在目的;(2)教育的过程是一个持续重组、持续建构和持续转变的过程。"①杜威的教育主张，以儿童为中心，认为教育是一个尊重儿童身心发展特点，使儿童获得充分生长和发展的过程。教育不应该从外部给学生施加来自成人的压力，而应注重唤醒和激发学生的天性和内在的潜能，也即教育要指向生长。杜威的教育实践和思想不但纠正了传统教育的许多弊端，而且极大地丰富了"生长教育"的内涵。

"为生长而教"的教学理念也深受陶行知教育理论的影响。人民教育家陶行知受启发于裴斯泰洛齐，师从杜威，在实验的基础上，形成了"生活即教育""社会即学校""教学做合一"等教育主张。他在《我们的信条》一文中说："我们深信教育应当培植生活力，使学生向上长。"②陶行知认为，要用生活来教育，为生活向前向上的需要而教育。

综上所述，"为生长而教"这一理念的内涵植根于东西方教育哲学，同时又在时代的潮流中不断更新和完善。在这样的教育观引领下，我认识到教学的最终目标是促进人的发展，每个生命个体都具有生长的本能和需要。我决定师法自然，遵循教育之道，用生长来诠释自己的语文教学，并逐渐构建起了

---

① ［美］约翰·杜威著，陶志琼译：《民主主义与教育》，中国轻工业出版社2014年版，第51页。

② 周洪宇编，《陶行知教育名论精要》，福建教育出版社2016年版，第27页。

生长型语文课堂。所谓生长型语文课堂，是指顺应儿童的生长规律和语文学习的规律，教学主体指向学生，教学过程指向自主，教学目标指向生长，不仅着眼于学生当下的语言、思维、精神的生长，还为学生未来的生长积蓄了能量的语文课堂。

我的语文教学有以下几个鲜明的特点：

一是重视对学生生长欲望的激发和呵护。王阳明在他的《训蒙大意示教读刘伯颂等》一文中写道："大抵童子之情，乐嬉游而惮拘检，如草木之始萌芽，舒畅之则条达，摧挠之则衰痿。今教童子必使其趋向鼓舞，中心喜悦，则其进自不能已。"[①]这段话启示我要教好语文，就必须顺应学生性情，让他们喜欢语文，方能事半功倍，自然日长月化。所以在起始年级，我语文教学工作的核心任务是让学生喜欢上语文，点燃学生语文学习的热情。我在一篇文章中很认真地写道："一个语文老师最重要的不是把一节课设计得如何完美，而是引导学生喜欢阅读，喜欢思考。我真的不在意我的课是否完美，但我在意学生们是否因为喜欢我而喜欢上语文。"生长是每个生命体的本能，但我们在教育情境中讨论的生长主要是指人的精神生长。从这个角度而言，精神生长的欲望的确需要激发和呵护。学习兴趣是最持久、最稳定的内在动力，我一直很重视学生语文学习兴趣的培养，我深深明白一点，学生一旦喜欢了，是不会学不好语文的。

---

① ［明］王阳明：《传习录》，上海古籍出版社2018年8月版，第154页。

二是重视课堂生长点的寻找和发现。我在备课时经常问自己的问题是：学生的思考点在哪里？我们要从哪里出发？最后我们要去到哪里？因为我知道教学必须从学生的"起点"出发，去寻找课堂的最佳生长点，只有会生长的课堂才是高效课堂，才是有意义的课堂。在长期的教学实践中，我发现学生的疑惑处、易错处、新旧知识的联系处、思维的模糊处，以及教材的空白处、矛盾处等经常是课堂的生长点，我在备课时会特别留意这些地方。针对这些课堂生长点，在课堂自然生成的过程中，我经常根据文本与学情，相机进行追问：比如在学生易错处，进行预设式追问；在学生处于愤悱之态时，进行启发式追问；在文本的矛盾处，进行质疑式追问；在文本的空白处，进行拓展式追问……我的一些经典课例基本都是从学生的生长点开始，从学生的生长需要出发，层层深入，把学生的思维不断引向更广阔的天地，最后生成了学生的智慧，成就了课堂的精彩。好的教学一定是具有生长性的活动，当学生开始生长，教师开始生长，课堂也就开始生长，并最终会生长出无限的精彩。

三是重视课堂自由宽松氛围的创设和营造。每一粒种子的萌发，都需要适宜的生长环境。孩子的成长也是一样。好的教育应该让每一个受教育者都有机会自主生长，成为一位终身学习者。自主生长需要一个自由、宽松、丰富、多元的环境。宽松自由的课堂环境有助于激发学生思考、表达、创新的欲望，有助于增强学生探索和创造的信心与热情。教师能做的只能是给学生提供生长的土壤和展示的舞台，让每个生命以其自然之伟力促使自己提升。基于这样的认识，我在课堂实施中尽可能让更多的学生进行实践、展示、交流，尽可能地鼓励学生表达自我，彰显个性，享受快乐。我发现只要我们尊重了学生内在的生长需求，然后给予了恰如其分的帮助和引领，学生一定会在这个广阔的平台上茁壮成长，大放异彩。

四是重视学生生长空间的打开和拓展。我早已不满足于教读一篇篇课文的教学方式，而是有意识地建构自己的课程体系。我是这样描述自己心目中的理想课堂的："在言语实践中提升学生智慧，在情感体验中丰富学生心灵，在精神涵育中发展学生思想。"我尝试着将阅读、写作、听说、语文活动融合进日常教学中，带着学生共读一本书，共写一篇文，进行专题写作、深度写作，开展课前五分钟微作义分享，编印班报，排练课本剧……注重让学生在一个个具体的语言实践中领悟、掌握语言的特点和规律，获得必要的言语经验和语用方法，从而提升他们的言语能力。我的语文课通过大量的语文实践活动、大量的阅读写作等途径，为学生的生长拓展出巨大的空间。我想我的教学不仅要着眼于学生当下的语言、思维、精神的生长，更要为学生未来的生长积蓄能量。

五是重视共生共长课堂生态的构建。共生是生物演化的内在机制，没有共生现象，地球上不可能有生命的存在。万物并育而不相害，宇宙万物、山河日月相互滋育，都可以生长得很好，我想教育生长的最美样态也应如此。生生之间、师生之间共同成长，相互滋养，使得成长丰富化、多样化，使得教学生态优化。共生的课堂，首先要重视生生之间的交流、碰撞、激活、滋养，同伴之间年龄相仿，生理、心理发展基本处于同一阶段，这些因素导致他们之间兴趣相似，所以在兴趣的激发上，同伴比教师更有影响力。比如我在语文教学中，经常开展的"为你荐书""阅读交流""共写共评"等活动，就是借助"同伴影响"这个杠杆来撬动学生的读写意志和读写行为，取得了不错的效果。教学相长，好的教学不只是滋养学生，还是滋养教师自我的过程，丰富教师自我的过程。"师生共写"是我作文教学的一个常态，直接用老师和学生的写作实践，帮助孩子们形成正确的写作认识，激发学生的写作兴趣，揭示写作思维过程，教授学生写作方法，培养学生的生命敏感，丰富学生的心灵世界……在和学生共同写作过程中，学生在生长，我也在生长。我是这样认识写作的意义的："写作渐渐成了我的生活常态，并且使我实现了突变式的成长。在写作中安顿自己不断奔突的灵魂，让自己变得更清醒、更具张力，也更有希望。"

从"万物生长"到"教育生长"，我的语文教学理念也化归"生长"。这种理念是来自生命又回到生命的，我想追求的语文教育是真正"为人"的教育。

丁之境

目录

辑一 语文生长课堂

002 | 赋予大海以曹操的性格

007 | 归依何处

024 | 因为它在,我们对美的追求就永不会停止

041 | 读出《回延安》作为一首诗的魅力

055 | 东坡写给自己的日记

062 | 普通山水和一颗"文心"的相遇

076 | 我们读懂的和我们读不懂的

095 | 思考过程比找到正确答案更重要

103 | 悟空的人生抉择

117 | 从"有趣"到"有意味"

133 | 打开情感奔涌的河流

148 | 基于问题解决的说明文写作教学

171 | 生活即写作，但写作需唤醒

193 | 创办班报的故事

203 | 读书、读人、读万物

211 | 语文的力量

辑二 语文生长之策

220 | 追求"言文共生"的文言文教学

231 | 例谈语境理论在初中语文阅读教学中的运用

240 | 从"教什么"到"怎样教"的思考与实践

249 | 巧借金针妙度"文"

辑三　共写共生之美

264 | 独怜幽草

268 | 独怜幽草（学生作品）

270 | 谷雨，遂想起

244 | 春天，遂想起（学生作品）

276 | 两千年前的快餐——河南蒸卤面

280 | 面之道（学生作品）

283 | 黄山行记

289 | 给我一座，山！（学生作品）

294 | 原来这么简单

297 | 原来这么简单（学生作品）

附录

300 | 他,给了我感知美的力量　朱文君

303 | 道是无痕却有痕　杨博宇

308 | 为师者,当与孩子共生长　简嘉颖

313 | 一位语文老师的年末成绩单　邓琼　谢小婉

320 | 后记

我们把教学改革的实践目标定在探索、创造充满生命活力的课堂教学,因为,只有在这样的课堂上,师生才会全身心投入,他们不只是在教和学,他们还在感受课堂中生命的涌动和成长;只有在这样的课堂,学生才能获得多方面的满足和发展,教师的劳动才会闪现出创造的光辉和人性的魅力;也只有在这样的课堂,教学才不只是与科学,而且是与哲学、艺术相关,才会体现出育人的本质和实现育人的功能。

　　——叶澜(著名学者,华东师范大学教授)

辑一

语文生长课堂

赋予大海以曹操的性格
——我们这样读《观沧海》

《观沧海》是曹操组诗《步出夏门行》正文的首章，也是孩子们初中阶段学习的第一首古诗。那天学完旧课，还有十几分钟的时间，我开始教读这首诗。

在熟读成诵之后，我让孩子们结合课本上的注释先读懂诗句，然后让他们一人一句说句意。其他句子都没问题，但对首句"东临碣石"的理解却起了争议。有的孩子认为是"诗人向东行进登上了碣石山"，但有的孩子不同意此理解，他们的理解是"从山的东面登上了山顶，曹操的行军路线不一定向东"。

孰是孰非，我一时难以决断，让他们课后去探究一下这个问题。

第二天上课，我请同学说说他们课后探究的结果。

坚持第一种理解的同学，给出的理由是：课本注释在解释"碣石"一词时，明确提到碣石山在今河北昌黎西北。东汉建安十二年秋天，曹操征乌桓时曾路经这里。史书记载，曹操出师是从河南一带出发的，昌黎位于渤海边，曹操行进的方向刚好是向东。

有一个孩子说他在查阅资料的过程中，发现学术界有部分人认为，曹操是在大败乌桓之后，返回途中登上碣石山，豪情大发，挥笔即书，写下了《观沧海》一诗。如果是归途中所作，曹操行进的路线就肯定不是向东，这个"东临"又该怎么理解？

虽然没有得出一致的结论，但这样有理有据的分析，令人叹服。我表扬了两位同学，然后对学生们说："两位同学无意当中运用了我国传统诗歌鉴赏的一个重要方法——知人论世。知人论世是孟子提出来的，孟子说：'颂其诗，读其书，不知其人，可乎？是以论其世也……'这就是说，理解诗歌要对作者和作者所处的时代背景有所了解。知人论世是解读诗歌的金钥匙，希望大家在读古典诗词时加以运用。"

但"东临"二字到底该怎么理解呢？看着满眼期待的学生，我谈了自己的理解：河北昌黎的碣石山在渤海边上，总体方位是在东边，所以不管是前行途中还是返回途中，对登山者曹操而言，都可以说是向东登上了碣石山。至于曹操到底是在北征乌桓进军途中还是得胜班师途中登临碣石并作此诗篇的，学术界确实存在争论，我们仅从这一首诗中很难做出判断，如果放在《步出夏门行》这一组诗中来分析，也许会有新的发现。感兴趣的同学，课后可以找来这一组诗读一读，进行深入探究。

因课堂时间有限，我留下一颗探究的种子，继续推进教学，出示了新的探究任务：有人说，此诗赋予了大海以曹操的性格。请结合具体诗句证明此论题的真伪。

孩子们静静地阅读思索了几分钟，一个女生举手了："我认为这句话说得很有道理。你看诗中写到'日月之行，若出其中；星汉灿烂，若出其里'，在曹操眼中，日月星辰的起落运行都仿若出自大海，大海吞吐日月、包蕴万千的景象不正是诗人开阔胸襟、伟大抱负的体现吗？"同学们用掌声表达了他们对这位女同学发言的赞同。一个男生举手，又作了补充："曹操当时已经荡平了北方群雄，现在又打垮了乌桓和袁绍残部，眼看着就可以一统天下了，所以在意气风发的曹操眼中，整个宇宙似乎都在大海吞吐之中了。"

我继续引导他们往细处读，我对他们说："阅读的魅力在于从看似平常处读出奇绝，从人之所见处见人之所未见。除了名句'日月之行'，你还可以从其他诗句里读出曹操的性格和形象吗？"

热闹的课堂又陷入了暂时的沉寂,孩子们紧锁着眉头去字里行间寻找。

一只小手举起来了:"老师,我从'树木丛生,百草丰茂'中读出了旺盛的生命力,这正是曹操充满活力的体现。"

孩子如此理解,自然有她的道理,但显然她只是在依句解意,而忽略了上下文的语境。很多时候,离开语境的鉴赏往往是肤浅的,甚至是错误的。我继续引导她:"你再看看,诗人是在什么季节看到树木百草丛生、十分繁茂的景象的?"

"秋天,秋天,'秋风萧瑟,洪波涌起'啊。"旁边的孩子忍不住抢答了。

我让回答问题的孩子坐下,继续追问:"大多数人在萧瑟的秋风中、在荒凉的沧海边会有什么感觉?"

孩子们回答:"肃杀、凄凉……"

我继续问:"那曹操呢?他眼中看到的是怎样的景?他内心又涌动着怎样的情?"

一个男生说:"曹操看到的是'水何澹澹,山岛竦峙''洪波涌起'等壮阔宏伟之景,内心涌动的是统一国家、建功立业的壮美豪迈之情!"

他的回答赢得了同学们的掌声。

"还有新的发现吗？在看似平常处读出奇绝，这才叫真本事啊。"在他们以为这个问题已经解决时，我继续激将。

他们把目光投向了还没有分析的第一句"东临碣石，以观沧海"。估计他们一定在想："这一句有什么好分析的？"

一分钟过去了，还没有看到举起的小手。可能真的难倒他们了，我决定提醒一下他们："为什么是东'临'而不是东'到'？为什么用'观'而不是'看'？"

"因为'临'有从高处朝向低处的意思啊，曹操登上了碣石山，从上往下看，所以'临'字更准确。"有道理！

"我感觉'看'字太普通，而'观'字则带有很强的目的性，并且给人一种观览天下之感。"感觉不错！尤其是观览天下的感觉特别符合此时曹操的形象。

"临'字除了'到达、登上'之意，旧时还指帝王上朝，比如'临驾、临朝'等，所以我从这个字上读出了曹操内心的帝王之气。"

……

孩子们你一言我一语，渐渐地悟出了一个道理：好的诗句里往往住着诗人自己。就像现在，我们从这首千年流传的诗里，读出了跃马扬鞭、意气昂扬、雄心勃勃曹操形象。当孩子们在讲出这些发现的时候，我感觉他们眼神亮亮的：发现语言文字背后的奥秘，原来是如此美妙的一件事。

归依何处
——《野望》教学实录

| 教学背景 |

2018年10月18日,广东实验中学初二(12)班。这是在丁之境名师工作室成员跟岗研修期间执教的一节公开课。

| 教学过程 |

一、背默入诗

师:今天我们来学习《唐诗五首》的第一首——王绩的《野

望》。我们先来读一下这句话。

（PPT展示：诗是用来背的，文章是用来读的）

生（齐读）：诗是用来背的，文章是用来读的。

师：小声了点，读得理直气壮些。

生（大声齐读）：诗是用来背的，文章是用来读的。

师：因此，今天我们要做的第一件事是什么？

生（齐答）：背诗。

师：在背之前先读一遍，看有没有不认识的字？

（生齐读）

师：有没有不认识的字？（生摇头）都认识了。好，下面开始比一比，看谁背得快。开始！

（生自行背诵，1分钟后声音渐渐弱下去）

师：背完了把手举起来。很多人举手了，没有完成的要抓紧了。好，都完成了。加禾，你来背一下。

（生起，背诵《野望》）

师：这首诗是第一次读吗？

生：不是。暑假作业已经要求我们读过了。

师：那我们一起来背一下。

（生齐背《野望》）

师：第一个任务完成了，第二个任务来了，我们来找一找，看谁找得准。找什么呢？找出这首诗里面，你认为最容易写错的字。找到后，请写在黑板上，提醒班上同学不要默错。

（生自行找字，约30秒）

师：好，谁愿意上来写？（生沉默）赠人玫瑰，手有余香。帮助同学避免写错字，这是一件功德无量的事情。赶快把握机会啊！（有学生举手）好，邱诚杰，你来。

（生在黑板上书写）

师：邱诚杰，为什么你认为这个字容易写错？（生写"徙"）

生：因为这个字不是很常用。

师：这个字怎么读？

生：xǐ，第三声。

师：现在不看这个字，你想一下，这个字怎么写？左边是什么旁？

生：双人旁。

师：右边上面？

生：止。

师：下面？

生：一个比较奇怪的东西。

师：其实下面那个也是"止"字的变形，在甲骨文里"止"字像脚趾头张开的脚掌形状，所以"徙"字和行走、移动有关。还有没有同学觉得其他字容易写错的？好，柳奕帆，你来。

生："山山唯落晖"的那个"晖"。

师：容易写成哪个字？

生："光辉"的"辉"。

师：怎么区分这两个字？你想个办法，确保同学们绝对不会写错。

生：这两个字的偏旁部首不同，一个是日字旁，一个是火字旁。

师：想一想，日字旁和什么有关？

生：太阳。

师：所以日字旁的"晖"专指？

生：日光。

师：那个光字旁的"辉"，当然就可以指所有的光——反射的光、折射的光，什么光都可以。我们来看一下，诗句"山山唯落晖"中的"晖"是什么光？

生（齐答）：日光。

师：专指落日的光，记住了，是日字旁的。

二、依题解诗

师：背、默的问题基本上解决了。我们齐读一下题目。

生（齐读）：野望。

师：什么叫"野望"？

生（小声）："望野"。

师：是瑞涵说的吧？大声点。解释一下什么叫"望野"？

生："望野"就是望那个野外的风光。

师：再准确一点，把单音节词变成双音节词。"望"可以组什么词？什么望？

生：眺望。

师：野？

生：野外。

师："野外"能不能换一个词？

生：田野、原野。

师：诗人身处哪里？

生：乡下，城外，山村。

师：所以这是一首眺望山野、眺望乡野的诗。围绕这个诗题，如果让你提问题，你会问什么问题？

生：我会问眺望什么。

生：想知道他什么时候眺望。

生：眺望的地点。

生：我在想他为什么要望。

师：他为什么要望，也就是他眺望乡野时的心情、情感是怎样的。这些问题，哪些能够解决？

生：眺望的地点，东皋。

师：东皋是地名，"皋"是什么？

生：水边的高地。

师：时间从哪里可以看出来？

生：薄暮。

师：薄暮的"薄"是什么意思？

生：接近。

师：还有一个含"薄"字的成语，也是这个读音，也是这个意思。

生：日薄西山。

师：诗人在傍晚眺望乡野，时间问题解决了。傍晚、黄昏，会引起人怎样的情绪？先不要回答我，慢慢想。我们先思考下一个问题，诗人在眺望什么，他看到了什么？来，一起读。

生：树树皆秋色，山山唯落晖。（生犹豫一下，接着读颈联）

牧人驱犊返，猎马带禽归。

师：为什么犹豫了？颈联是不是诗人看到的？

生：是。

师：既然是，我们就理直气壮地读一读这两联。

生（齐读）：树树皆秋色，山山唯落晖。牧人驱犊返，猎马带禽归。

师：眺望什么这个问题解决了。还有一个问题，他眺望时的心情是怎样的？沈钰雯，你来说一下你的阅读初感吧。

生：我觉得有一种悲凉的感觉，首联中的"薄暮""落晖"给人一种傍晚的凄凉感。

师：有道理，暝色起愁，在古典诗歌中的确很常见。

三、品画入情

师：我们继续品诗，把诗的味道品出来。如果我们要给颔联所描绘的画面上颜色，你会选择怎样的色调？

生：我觉得我会选择红色，或者红加橙这种暖色调。因为"树树皆秋色"，秋天树叶会变成红色和黄色；"山山唯落晖"，那种夕阳的光也是那种橙色的。

师：满山的红叶黄叶，还有傍晚时分，夕阳晕染的红啊黄啊，所以上暖色。有没有不同的意见?

(生表示没有不同意见)

师:如果我们给它上暖色调,红啊,黄啊,会给人一种很温暖,很绚烂,很热烈的感觉。来,你试着读一下,把这种感觉读出来。

生:树树皆秋色,山山唯落晖。(音调高昂)

师:非常明亮。我们再来读一读颔联、颈联。

(生齐读颔联、颈联。)

师:大家的声音怎么不明亮、不高昂了呢?

生:前面都"徙倚欲何依"了,后面描写的景应该带有萧瑟悲凉感觉的。

师:他注意到了诗人望野时的动作。"徙倚"是什么意思啊?

生:徘徊。

师:什么情况下,一个人会徘徊?

生:心里有事儿,就会走来走去。

师:诗人心里有什么事,首联告诉我们他在想什么吗?

生:欲何依。

师:"欲何依"什么意思?

生:不太清楚。

师：什么叫"欲何依"？"何"是什么意思？

生：如何。

生：怎么。

师：还有没有其他理解？

生：何处。

师：何处，很好。所以王绩一边徘徊一边在想，我应该要归依到何处呢？（师范读颔联、颈联）孩子们，如果要给颔联着色，应该上什么色？

生：冷色调。

师：作者的情绪，是不允许我们给它上暖色调的。我们从"树树皆秋色，山山唯落晖"中读出来了诗人怎样的内心？

生：落寞的、孤独的、忧郁的、苦闷的。

师：不知道归依到何处，这是一种怎样的情绪？

生：无助的，茫然的，迷茫的。

师：这个自然的画面原本是暖色的，但为什么变成了冷色调呢？

生：因为诗人的心情。

师：诗人把自己的情绪、情感赋予了树、赋予了山，因为诗人自己的忧郁，所以自然改变了颜色，是不是？这是诗人眼中的风景。这一句我们就读到这里。接下来我们读下一句，你们觉得下一句应该怎么读？谁来读一下？来，陈以祺，你试一下。

生：（用低沉的语气读）牧人驱犊返，猎马带禽归。

师：你为什么这样读？

生：因为王绩看到牧人带着小牛回来，他会想到自己应该归往何处呢？所以这句诗还是有一点忧郁的。

师：有没有不同的声音？好，柳奕帆，你说说你的理解。

生：我猜测他可能想的是自己不知道归往何处，自己只不过是被牧人驱赶着，被猎马捕获着，带到不能由自己决定的地方去。

师：看到这个牛犊，看到这个猎物，就想到自己。这样理解有没有道理？好，李临风，说说你的见解。

生：我不同意柳奕帆的观点，这句话的主语应该是牧人和猎人，所以知道自己何去何从的是牧人和猎人。诗句的意思是说牧人和猎人都有可以回去的地方，诗人认为有地方可归的人是幸福的。

师：有道理。"牧人驱犊返"，牧人是什么心情？我们想一想，他早上就出去放牧了，傍晚赶着他家的小牛犊回家了。这是怎样的一个画面？

生：温馨的，高兴的，轻松的。

师：我们下班、放学的心情就是"牧人驱犊返"的心情啊。猎人打猎是"带禽"归，他不是空手回来，而是满载而归，那是一种什么样的感觉？

生：开心，有收获感。

师：对，他的内心感到满足、幸福。牧人带着一种轻松、惬意回家了，猎人带着幸福和满足回家了。读到这里，有没有发现诗人的情绪流到这儿遇到阻碍了？在上一联，诗人可以把自己忧郁的情绪赋予树、赋予山，但是他能把自己的情绪赋予牧人、赋予猎人吗？

生：不行。

师：你忧郁，是你的；我幸福，是我的。牧人和猎人在乡村过着简单又快乐的生活，他们是拒绝王绩的情绪注入的。那么，这个时候的王绩会怎样想？

四、探寻诗心

师：要想深入王绩的内心，我们需要了解王绩是一个怎样的人。我跟大家简单介绍一下。王绩是隋末唐初人，他在11岁的时候就去长安游历，被当时的公卿士大夫誉为"神童仙子"。16岁，他举孝廉，然后在朝廷里面担任官职。16岁哦，你们今年多少岁？

生：13。

师：如果你们是王绩，再过三年哦，你们就要去中央任职了。

（生兴奋地笑）所以这个人很有才气。有才气的人容易怎样？

生：心高气傲。

师：一高傲，就容易引起周边人的嫉妒、排挤。再加上王绩这个人特别喜欢喝酒，一喝就喝醉，不理政事。所以很快，王绩就辞官归隐。社会理想不能实现，他就想把自己的心灵寄放到自然山水中去。但是，他看到"牧人驱犊返，猎马带禽归"这个画面时，他意识到一个很残酷的事实，大家知道是什么事实吗？

生：相顾无相识。

师：相顾无相识。尾联来了，来，读一读尾联，开始。

生："相顾无相识，长歌怀采薇。"

师：为什么说"相顾无相识"？他跟谁相顾无相识？

生：跟那个牧人。

生：跟那个猎人。

生：跟整个乡村。

师：也就是说对于乡村而言，王绩永远是一个圈外人，一个局外人。他虽然生活在乡野，但乡野对于他来说是陌生的。我们继续往下读，"长歌怀采薇"，什么叫"长歌"？换一个词，什么歌？

生：高歌。

师：长歌，高歌，就是尽情地歌唱。在纵情的歌唱中，他在想什么?

生:采薇。

师:"采薇"这个典故怎么理解?老师提供两个关于"采薇"的典故,你觉得尾联中的"采薇"更贴近哪个?

PPT:

(伯夷、叔齐)义不食周粟,隐于首阳山,采薇而食之。——《史记·伯夷列传》

采薇采薇,薇亦作(初生)止。曰归曰归,岁亦莫(暮)止。——《诗经·小雅·采薇》(止:语气词,无义)

师:第一个来自课本的注释,在这个典故里"采薇"是什么意思?

生:隐居不仕。

师:诗人用这个典故,想表达什么?

生:怀念以前的隐士。

师:他为什么要怀念以前的隐士?

生:他想在伯夷、叔齐那里寻找一种精神的慰藉。

师:一种慰藉、一种安慰、一种能够让他安于当下的精神力量。所以他就怀念古代的隐士，他觉得自己也应该像他们那样彻底融入林泉，过一种真正的隐居生活。另一则材料出自《诗经·小雅》，"作"就是"初生"的意思，两个"止"呢，都是语气词，无实义。那个"莫"呢，是通假字，通"暮"。我们来读一下。

生（齐读）：采薇采薇，薇亦作止。曰归曰归，岁亦莫止。

师：这是一首以一位被遣戍边的士兵的口吻所唱的民歌。士兵在外面打仗，离家好多年了。他想起了以前和家人在野外采摘豌豆苗的场景，那个豌豆苗长得那么嫩，生活多么美好啊。但是现在他好多年没有回去，所以他说"曰归曰归，岁亦莫止"。"岁"是什么意思？

生：年。

师：年年。年年想，年年回不去，是不是？所以"采薇"在我们古代诗歌中还有"不得归"的意思。你们觉得王绩想表达哪种意思？一个是想到古代的隐士，在隐士那里寻找安于当下的精神力量；第二个是表达自己无处可归的苦闷。

生：第二个……

师：为什么呀？郭瑶，你来说一下。

生：他自己心里还念着官场，想着仕途，但他又回不了官场，回不到当初。

师：有道理。还有其他见解吗？好，梁怡倩，你说说。

生：我觉得第二个理解更符合王绩的想法。首联"东皋薄暮望，徙倚欲何依"，一开始就表达了诗人"我要何去何从"的思想感情。诗人看到"牧人驱犊返，猎马带禽归"这种轻松、温馨、愉快的画面，可能会产生一种很羡慕的情感——你们都有家可回，而我去哪儿呢？尾联"相顾无相识，长歌怀采薇"体现了他与乡村的这种格格不入。所以我觉得此时的诗人是缺乏一种归属感的，他找不到自己的位置。所以我觉得"不得归"会更符合他当时真实的内心。

师：梁怡倩同学的品读勾连全诗，分析有理有据，非常棒！我们继续思考，王绩有没有家？当然有。王绩虽然归隐了，但经济条件还不错。他在东皋隐居的地方盖了漂亮的别院，有好多仆人陪伴他在乡村生活。所以王绩"归不归"的问题，是物质层面无家可归的问题吗？

生：不是，是精神家园。

师：是的，是心灵的归属、精神的归属的问题。他回朝廷，能回去吗？如果可以回去，他的性格能改变吗？不要那么高傲，不要喝酒，不要那么随心所欲。显然他是回不去的。同学们，你们知道，在什么时代背景下，中国古代文人士大夫会选择隐居？

生：乱世。

师：所以《周易》里面有句话"天地闭，贤人隐"。世道不好的时候，没有明君的时候，文人的理想得不到实现的时候，他们就想把自己的内心寄居到大自然里面去，于是开始去寻找真正的自然。真正的自然，能找到吗？著名哲学家冯友兰先生说过这样一句话：

PPT：

> 天真烂漫是一失不可复得的，自然境界亦是一失不可复得的。
>
> ——哲学家冯友兰

（生齐读）

师：我们每个人的童年是一去不复返了，文人士大夫要去皈依真正的自然，真的可以吗？

生：不可以。

师：确实很难。中国古代文人喜欢写诗著文来表达"咏归"的心态和处境，他们在现实中遇挫后，渴望回到自然，但他们一旦走进了，又发现自然也是不属于他们的，于是他们开始感到苦闷和焦灼。所以乡野对于古代的文人士大夫而言，永远是怎样的？

生：只可意会，不可言传。

师：也就是说，乡野，对于文人士大夫而言，永远是一个只可以欣赏而没办法进入的世界。王绩的苦闷和焦灼代表着中国古代文人士大夫普遍的心态和处境。读到这里，我觉得我们现代人也有这种心态。我们平时在大城市里面忙忙碌碌，放假了就想到乡下待一待。但是在乡下能待多久呢？待了几天又开始念广州的好。回广州久了，又想往外面跑。法国有个诗人叫兰波，他说了一句话："生活在别处。"捷克斯洛伐克的作家米兰·昆德拉觉得这句话特别好，就把它当作自己长篇小说的书名。巴黎大学还把这句话写在校园的墙上。我们人类似乎永远在追求别处的生活。不管生活在此处还是别处，我们每个人都要想一个问题：怎么去安顿自己那不断奔突的灵魂。每个人的心灵都需要一个家的。孩子们，你们在课前读这首诗的时候，有读出这些东西吗？读诗就应该这样慢慢品，品出诗的味道，读懂诗人的内心，读出我们自己。古代的诗歌和我们的现实生活是有联系的，和我们每个人是有联系的。所以诗，不仅是要背的，还是要品的。

好，下课！

生：谢谢老师，老师再见！

因为它在,我们对美的追求就永不会停止
——《蒹葭》教学实录

|教学背景|

2019年3月22日,在清远市清城区松岗中学举行的优质课展示与广东实验中学同课异构教研开放日活动中,应邀执教此课。

|教学过程|

一、依题聊《诗经》

师:同学们好!我是来自广东实验中学的丁之境,今天和大家一起来读一首两千五百多年前的民歌,诗歌的题目是《蒹葭》。大家知道什么是蒹葭吗?

生：芦苇。

师：见过芦苇吗?

生：没有。

师：真没见过芦苇啊,这真有些出乎老师意料了。芦苇是生长在水边的一种植物,芦花有的是白色的,有的是灰白色的,芦花斜摆,在阳光下闪耀着光泽,带着诗意的美。我早上来的时候,留意到你们学校门口就有一条河,有机会沿着河边去走走,我想一定会遇到芦苇的。也许你们是见过芦苇的,只是不知道它的名字。今天放学后,也可以先上网去找一找芦苇的照片,看是不是旧时相识?我们先回到《蒹葭》这首诗,《蒹葭》选自《诗经》,《诗经》听说过吗?

生：听说过。

师：《诗经》距今两千五百多年了,《诗经》总共有多少首呢?

生：305首。

师：305首,所以《诗经》又叫《诗三百》。那后来为什么又加个"经"字呢?

（生思考）

师：我们先来回忆一下"四书五经"。"四书"是指？

生：《大学》《中庸》《论语》《孟子》。

师：非常好，"五经"呢？

生：《诗经》《尚书》《礼记》《周易》《春秋》。

师：同学们不知道芦苇，却很熟悉"四书五经"，说明大家都是很认真读书的孩子，给你们点赞。但老师也要提醒大家，我们既要读万卷书，也要行万里路啊。这里的"诗"就是指《诗经》，那为什么"诗"后面要加个"经"字呢？

（生沉默）

师：《诗三百》是谁编辑而成的？

生：孔子。

师：是孔子编辑成册的。孔子认为这305首诗是非常重要的，他说："《诗》三百，一言以蔽之，曰：'思无邪'。"在中国漫长的封建社会里面，《诗经》起到了非常重要的教化作用，所以人们把它奉为"经"，叫《诗经》。明白了吗？

生：明白了！

师：注释①中"诗经"后面还有一个"秦风"。什么叫"秦风"？秦就是秦地，你们知道秦地在什么地方吗？

生：陕西。

师：对，现在的陕西，还有甘肃那一带。那么"风"的意思是什么？

生：民风、民谣。

师：同学们是从哪里知道的？

生：书本第65页，风是各地方的民歌民谣。

师：风是民风、民谣。《诗经》中的作品分成了哪三类？

生：风、雅、颂。

师："风"是采集于民间的，是老百姓创作的歌谣。"雅"是什么？

生："雅"是正统的宫廷的乐歌。

师：对的，"雅"是指宫廷宴会演奏的乐歌。那么"颂"呢？

生："颂"是指祭祀的乐歌。

师：我们简单总结一下，《诗经》这305首诗分成三类：风、雅、颂。所以"秦风"的意思就是从秦地收集来的民歌，是秦地的百姓传唱的歌谣。《诗经·秦风》一共有十首，十首里面有九首都是表现那种"西风紧，战事雄"的尚武精神的，只有一首诗的气质截然不同，是哪一首？

生：《蒹葭》。

师：等会儿，我们来感受一下《蒹葭》的独特气质。老师想问问,谁读过《诗经》?

(生沉默)

师:没有,没有人读过《诗经》。那我想问一问今天来听课的老师们,有没有哪位老师读过《诗经》?

听课老师:读过一些,买了一本书回来,其中最喜欢《蒹葭》。

师:哦,读了《蒹葭》,也就是说读了部分诗歌。你觉得自己能读进去吗?

听课老师:其实还是很难读的,因为《诗经》里面的词句距离我们很远了,所以很难懂。

师:同学们没有读过,我们现场听课的这么多语文老师也很少有人通读过《诗经》,说明《诗经》和我们是有代沟和隔膜的。原因是它距离我们有三千多年的时间,书中的一些字我们不会读,不会写,不知道其意思了。丁老师想告诉大家的是,如果能够解决字词的认读问题,我们就会发现《诗经》特别容易懂,它里面写的情感跟我们现代人是一样的。大家背诵过《子衿》吧?"青青子衿,悠悠我心",你看,女孩子因为太喜欢这个青衣少年了,以至于喜欢他的衣领,喜欢他的佩带,喜欢他的一切。因为喜欢,她由爱生怨,撒娇地说:"我不去找你,难道你就不会给我来个信吗?我不去找你,难道你就不会来找我吗?"她埋怨的背后是喜欢,是相思,最后她还是难以抑制自己的喜欢,一个人在城墙上徘徊,"挑兮达兮,在城阙兮"。这时候,她还在想,我一天不见你啊,"如三月兮"。你看,古人的情感跟我们现代人的感情是不是一样的啊?

生:一样的。

💬 二、正音明诗意

师:两千五百多年前的情感和现在是一样的,所以《诗经》其实是离我们很近的。我们开始读《蒹葭》,自由读,把不会读的字、不理解的字用笔圈出来。

(生自由朗读)

师:读完后,周围的同学先互相交流,尝试着弄懂字音字义,解决不了的可以问老师。

(生相互讨论)

师:讨论的声音没有了,说明你们已经讨论完了。还有没有不认识的字?

生:没有。

师:好,那有没有不理解的字词?

生:"所谓伊人"中"所谓"什么意思?

师：你是第一个起来回答问题的，为你点赞！"所谓"就是"所说的"，"所谓伊人"的意思是"我所说的那个人"。

生："宛在水中坻"的"坻"是什么意思？

师：学过《小石潭记》没有？课文里面学过这个词，温故而知新，翻一下书。

生："坻"是水中的高地。

生："道阻且跻"的"道阻"是什么意思？

师："道"，道路的意思；"阻"，艰险的意思。还有不理解的字词吗？

生：没有了。

💬 三、背诵知诗体

师：老师想给大家一个任务：限定时间内背诵《蒹葭》。

生：我们预习时，已经会背了。

师：真的啊，那请全班同学合上书，一起来背诵。

（生齐背）

师：大家好厉害，背得很流利。你们觉得这首诗好背吗？

生：好背。

师：为什么好背？你来说。

生：因为大部分的字词都是一样的，只有个别字改变了。

师：也就是说，我们只要把第一段背会了，后面的段落只是在相同的位置换了近义词或者同义词就可以了。三章基本上是一样的，这种形式是《诗经》中常用的一种手法，叫作什么？

生：重章叠句。

师：的确，《诗经》中很多首诗歌都采用了重章叠句的结构形式。大家想想，现在的什么作品中也经常可以看到重章叠句这种形式？

（生思考）

师：我们喜欢唱歌吗？

生：喜欢。

师：大家想想，歌词是不是也经常用重章叠句？同学们思考一下，为什么歌词常常分为三段，每段的歌词都差不多？

生：好听。

师：哦，好听，好记，还有吗？

生：押韵。

师：押韵，不错。歌曲中的重章叠句，给你的感觉怎样？

生：朗朗上口。

生：易于抒情。

师：易于抒发情感，对不对？一遍，不够，再来一遍；还不够，第三遍就够了。循环往复，一咏三叹，充分表达内心的情感。清代的文学家方玉润说："三章只一意，特换韵耳。"三章的意思是一样的，只是换一下韵，一个意思重复三遍。好的诗读完以后会有余音绕梁的感觉，记住我们今天学的《蒹葭》，重章叠句，循环往复，一咏三叹，易于抒情。那我们再来读一读诗歌的第一段。

（生齐读）

💬 四、细品入诗境

师：通过朗读我们知道，这是一首什么诗歌？

生：情诗。

师：你们这个年龄是对情诗最有感觉的时候，毕竟正值青春年华啊。为何说这是一首情诗呢？

生：所谓伊人。

师：为什么从"所谓伊人"就可以判断出是情诗呢？

生：伊人是所爱的人。

师：伊人是所爱的人，那写所爱的人就一定是情诗吗？所爱的人也可以是父母、兄弟姐妹啊，你怎么能看出是情诗呢？

生：溯洄从之、溯游从之。

师：为什么从"溯洄从之""溯游从之"可以看出来这是一首情诗呢？

生：因为从这句可以读出主人公对"伊人"的追寻。

师：男孩子有了喜欢的人是不是就需要去追？有所爱的人，又有追的行为，那当然是一首爱情诗。我们刚才读出来了重章叠句，读出了一种爱的追求，那今天的课就讲完了，上完了，行不行？不行！我们学习文学作品，对语言的感知不能流于表面，不能流于粗疏。怎样才能把语文学好呢？很关键的一点就是要提高我们对语言文字的敏感度。老师要训练一下你们对这个语言文字的敏感度。我给大家这样一个任务：把诗歌三章中同一个位置发生了变化的词语圈出来。

（生圈画）

蒹葭苍苍，白露为霜。所谓伊人，在水一方。
溯洄从之，道阻且长。溯游从之，宛在水中央。

蒹葭萋萋，白露未晞。所谓伊人，在水之湄。
溯洄从之，道阻且跻。溯游从之，宛在水中坻。

蒹葭采采，白露未已。所谓伊人，在水之涘。
溯洄从之，道阻且右。溯游从之，宛在水中沚。

蒹葭

师：三章中同一位置的变化，仅仅只是换了字吗？文字背后的意蕴有没有发生变化？至少选一项，说说你们的发现。给同学们几分钟时间思考，思考完以后可以互相讨论。

（生思考并讨论）

师：来，哪位同学告诉老师，你在诗歌中发现了什么"神奇变化"？

生：水中央、水中坻和水中沚。我发现地方越来越明确了。

师：嗯，范围越来越小了，越来越明确了。原来是一个很不确定的位置，是在水的中央，那在中央哪里呢？慢慢明确，是在水中的高地上、水中的陆地上，他要追寻的伊人的所在地点越来越清晰了。其他同学，还有没有其他的发现？

生：溯洄从之，道阻且长。溯洄从之，道阻且跻。溯洄从之，道阻且右。

师：从这几句话里，你有什么发现？

生：路很漫长。

师：除了道路很漫长，还有呢？

生：路变高了，变陡了，弯弯曲曲的，更加难了。

师：也就是说男主人公追求伊人的难度增加了，是不是？好，其他人还有没有发现？

生：蒹葭苍苍、蒹葭萋萋、蒹葭采采，都是指芦苇茂盛，我们得出的结论是，芦苇是一直没有变化的。

师：芦苇到底发生了变化没有？我们看，"采采"是什么意思？

生：茂盛鲜明的样子。

师：对，"萋萋"只是茂盛的意思，芦苇为什么会越来越鲜明了呢？芦苇的光泽是不是发生了变化？为什么会发生变化？

生：因为光线在变化。

师：那光线为什么会发生变化？

生：太阳在渐渐升高。

师：时间在发生变化，对不对？"蒹葭苍苍，白露为霜"这是清晨，比较冷，所以水凝结为霜；"蒹葭萋萋，白露未晞"是说太阳慢慢出来，霜从固态的霜向液态的水发生了变化；"蒹葭采采，白露未已"指的是白露由液态向气体的变化。霜的形态在发生变化，因为太阳在不断地升高，时间在延伸，所以芦苇的色泽在发生变化，那你们原来读，能够读出来吗？

生：不能。

师：为什么？因为你们离文字太远了。20世纪最伟大的战地摄影师罗伯特·卡帕说过这样一句话："如果你拍得不够好，是因为你离得不够近。"如果你对语言的敏感度不够高，是因为你读得不够细。沉到文字里去，你就会有新的发现，对不对？芦苇的光泽发生了变化，时间在延伸，范围在缩小，难度在增加，都是诗歌中可以看到的，那伊人追到了吗？伊人是可望而不可即的，可是诗歌的主人公有没有放弃？

生：没有。

师：那男主人公在干吗？他还在继续追。"溯洄从之""溯游从之"说明他的态度是怎么样的？

生：坚定。

师：这首诗表达的是伊人可望而不可即，但是主人公追求伊人的信念是非常坚定的，对爱情是非常执着的。刚才我们发现的是同一个位置上的字词发生的变化，汉字是音形义的结合体，有没有发现声音也发生了变化？我们来读一下第一章和第二章，找找每一章的韵脚，看看有什么变化。开始读！

（生朗读文章）

师：声音有没有什么不同？

生：第一章的韵脚：苍、霜、方、长、央，押ang韵。第二章的韵脚：萋、晞、湄、跻、坻，除了"湄"，其他都押i韵。

师：我们一起读"苍、霜、方、长、央"，这些音是怎么发出来的？大家互相观察一下发音位置和口型。对，这叫开口呼。那我们再来读"萋、晞、跻、坻",这些音又是怎么发出来的?是从牙齿发出来的,是齐齿呼。开口呼和齐齿呼,不同的声音表达的东西是不一样的。开口呼我们一般用来表达什么样的感觉?

生:不知道。

师:跟老师一起读:"大江东去,浪淘尽……""数风流人物,还看今朝……"感觉怎样?

生:非常豪迈。

师:开口呼的声音大多雄浑,充满阳刚之气。我们再来感受一下齐齿呼:"寻寻觅觅,冷冷清清,凄凄惨惨戚戚。乍暖还寒时候,最难将息。三杯两盏淡酒,怎敌他、晚来风急!"感觉又如何?

生:很凄凉。

师:的确,齐齿呼的声音给人的感觉是凄冷、哀怨、缠绵。原来汉字的声音和情感表达之间还有如此紧密的联系。好,回到这首诗,想想第一章为什么要用开口呼的字,诗人想表达的感情和心情是怎么样的?

生:爱慕。

师:帅哥看到美女,充满向往、憧憬,是激动的、开心的。产生了这种感觉就应该怎么样?

生：去追寻。

师：没有追到的心情是怎么样的？

生：难过的。

师：没追到，刚开始的心情是着急的、有点落寞的。那焦急落寞之后还是追不到，还去追，那时心情是怎么样的？

生：失望。

师：是的，是失望的、充满愁绪的。所以他的情感，第一章是憧憬期盼，第二章是焦急落寞，最后是失望惆怅。我们通过声音感受到了抒情主人公的情感变化。

💬 五、探求悟三昧

师：宋代的朱熹曾说："言秋水方盛之时，所谓彼人者，乃在水之一方，上下求之而皆不可得。然不知其何所指也。"伊人到底是什么？"伊人"只能是爱人吗？还可以指什么？

生：钱财、名利。

师：似乎也有道理，这是你的理解。同学们，伊人美不美？诗歌里面有没有具体写伊人有多美？

生：没有。

师：她一直在哪里？

生：在远处。

师：诗人有没有写她的眉毛、眼睛、脸型等？

生：没有。

师：诗人没有直接写，但我们就是觉得伊人很美，因为伊人是神秘的，朦胧的。这种神秘的、朦胧的、珍贵的、美好的东西用来形容金钱和名利合不合适？当然对于痴迷于名利的人来说可能是合适的，但更多的人可能不同意。其他同学觉得伊人还可以指什么？

生：成绩！

师：这是一位很爱学习的同学，伊人可以是成绩。除了成绩还可以是什么？

生：理想。

师：为了自己心中的理想而不懈追求。

生：对美好生活的向往。

师：我要过上一种什么样的生活，我坚定地去追求它，也非常好。

生：还可以是对远方的一座山、一条河的追寻。

师：我太喜欢你这个回答了。"秋水伊人"是代表一切美好事物的文学意象，它也成了我们中国文人永恒的追求，这种追求总结为八个字——"遇合无期，追寻不已"。我们对美好的东西"遇合无期",但是我们要"追寻不已"。也许我们就像诗歌的主人公这样,最后也没有追到,但是没有关系,结果并不是最重要的,追寻的过程是无与伦比的美丽。

这首诗我们读完了,也差不多要下课了。如果一首诗你读完了,一眼望穿,那不是一首好诗。诗家讲究"三昧":一指朦胧,二指模糊,三指多义。朦胧、模糊、多义,但也要有确定的东西在。诗之妙,妙在可言与不可言之间,妙在可解与不可解之处,这就是最好的诗。《蒹葭》就是这样一首诗。有人说《蒹葭》是中国最美的一首诗。我们要回到开头,"西风紧,战事雄"的《秦风》竟然出现了一首如此缠绵悱恻的《蒹葭》,这是不是告诉我们,再激烈勇武的地方,也是有柔情的和诗意的?

孩子们,今天读完了《蒹葭》,希望在你们的脑海里面也给自己留存一个白露苍茫、秋水临江的理想国。不管我们的生命多么苍老,不管我们经历多少沧桑,因为我们心中有这样一个美丽的理想国,那我们对美的追求就永远不会停止。人生的意义在于追寻,追寻的意义往往在"求不得"与"爱不灭"之间。这是今天丁老师带给大家的《蒹葭》,好,下课!

读出《回延安》作为一首诗的魅力
——《回延安》教学实录

| 教学背景 |

2019年3月14日，广东实验中学初中部初二（12）班。这是丁之境名师工作室学员跟岗研修期间的一堂公开课。学生利用当天的早读时间，反复诵读了《回延安》，部分学生可以背诵。

| 教学过程 |

💬 一、课堂导入

师：同学们，今天我们来学习一首创作于1956年的政治抒情诗，它历经60多年的沧桑但依然有着永恒的艺术魅力。这节课我们一起来探讨这首诗为什么会具有这样永恒的魅力。

💬 二、品读"回"字入诗情

师：我们先来看一下这首诗的题目《回延安》，什么叫"回"呢？

生1：返回。

师：从"回"字的字义来看，通常是返回到哪里呢？

生1：返回到原来的地方。

师：是的，"回"就是回到原来的地方。那我们能够根据"回到原来的地方"这个义项，用"回"字组一些词吗？

生2：回家。

生3：回校。

生4：回单位。

生5：回国。

师：我们是广州人，我们去外面玩，返回时可以说"回广州"；如果我们去济南玩，我们能说"回济南"吗？

生（齐答）：不行。

师：因为我们不是济南人，济南不是我们原来待的地方。那我们为什么可以说"回校""回单位"呢?

生6:学校是我家,单位是我家。(众笑)

师:这样说,有道理啊。从某种意义上讲,我们长时间在学校生活学习,我们长时间在单位工作,这些地方就像我们的家了。所以回过头来看我们组的词:回家、回校、回单位、回国,我们把学校、单位、国家当作了家。

在文字里稍微驻足一下,我们就会发现诗题中简单的"回"字原来不简单,是蕴含着诗人丰富的情感的。诗人贺敬之把延安当作了自己的家,他离开这个家有多长时间了?

生(齐答):十年。

师:对,十年。我们来认识一下贺敬之。

屏显:

贺敬之是现代著名诗人、剧作家,1924年出生于山东。

师:作者是山东人,延安在陕北,但作者却把延安当作了自己的家乡。这是为什么呢?因为他十六岁到延安鲁迅艺术学院学习,在延安生活了六年。1946年因为要奔赴人民解放的新战场而离开延安,离开后没有回来,一直到1956年才回延安参加五省青年造林大会。相隔十年,他回到了他的家——延安。我想问问诸位,如果你相隔十年才回家,你什么心情?

生7:激动。

师:激动。(板书:激动)张宇翔呢?除了激动,你还会有什么情感?

生8:期待。

师:好,充满期待,期待这个家有没有发生变化。(板书:期待)赵韫为,你呢?

生9:感慨、感动。

师:为什么说是感动呢?

生9:就是时隔十年后,"我"终于回来了。

师:"我终于回来了"这种情感,准确地说应该是什么?

生(齐答):喜悦。

师:对,是喜悦。(板书:喜悦)我们小结一下:激动、期待、喜悦。请大家回到诗歌中圈一圈,哪些句子最能表现诗人回到延安时的这些情感?再思考一下,为什么是这些句子呢?(学生圈画、思考)老师找一个坐在后排的同学回答,田承澍,你来回答一下。

生10:我圈的是第一段第一句"心口呀,莫要这么厉害地跳",这句话表达了诗人内心的激动。

师:诗人是怎么表达内心激动的呢?

生10:他心跳得很快。

师:对,心跳加速。"心口呀莫要这么厉害地跳,灰尘呀莫把我眼睛挡住了。"诗人是这样来表达内心的激动的。大家读到这里时,有没有想起我们曾经读过的古诗?来,渊博的许舒悦,你来说一下。

生11:宋之问的"近乡情更怯,不敢问来人"。

师:宋之问的这句诗表达的情感的确和贺敬之的诗句有相似之处,看来人的情感是古今相通的,虽然表达方法有不同。好,我们继续。

生12:"一条条街道宽又平,一座座楼房披彩虹;一盏盏电灯亮又明,一排排绿树迎春风……对照过去我认不出了你,母亲延安换新衣。"这几句诗写出了延安的变化是很大的,变得越来越好了,从这里我读出了诗人的喜悦。

师:这几句诗的确表达了一种喜悦,是对家乡发生了可喜变化的那种喜悦。我们想想,贺敬之在延安的时候延安是这个样子吗?不是。这是十年后他回到延安后看到的延安新貌,所以除了喜悦,还有诗人内心对新延安发出的一种赞美。(板书:赞美)我们继续。

生13：我找的是："几回回梦里回延安，双手搂定宝塔山。"我从这句诗读出了作者对延安的思念之情。

师："几回回"是什么意思呢？

生13：一回又一回。

师：一回又一回在干什么呢？

生13：做梦。

师：作者一次又一次地做梦回到延安，正所谓是"日有所思，夜有所梦"。看出了他对延安的思念。因为思念，所以在后面写道："千声万声呼唤你——母亲延安就在这里！""千声万声呼唤你"有没有可能？

生14：十年时间里应该有千声万声。

师：你说得有道理，十年的时间，那么多的日日夜夜应该有"千声万声"了。诗人在这里直接抒发情感，直抒胸臆，表达自己的强烈思念之情。还有同学要分享吗？

生15：第四段的第一句"千万条腿来千万只眼，也不够我走来也不够我看"，我读出了两层意思：一方面是十年来诗人很想念延安，一回到延安肯定是要到处看看；另一方面也写出了延安的改变，他走不够，看不够，诗人为新延安骄傲。

师：发生了巨变的延安，哪儿都让他感到新鲜，他想把所有的地方都看一遍。"千万条腿来千万只眼"运用了什么修辞手法?

生(齐答):夸张。

师:诗人用夸张的手法是想表达"我恨不得有千万条腿、千万只眼,那我就可以把延安的每一个角落都看个遍"。除了我们刚刚分享的这些句子,诗人有没有从其他角度来表现他内心的情感呢?

生16:侧面烘托。"杜甫川唱来柳林铺笑,红旗飘飘把手招。"这里是用了拟人的手法,通过写周围的景物来侧面烘托诗人的喜悦。

师:"杜甫川"是一条小河,"柳林铺"是一个村子。那么小河和村子会不会唱,会不会笑呢?红旗会不会招手呢?

生(齐答):不会。

师:对,这里作者为小河、红旗、村子赋予人的情感,好像作者一回到延安,小河也在唱歌,村子也在欢笑,红旗也在欢迎他。那种回到延安的喜悦心情也表现出来了。非常好,我们可以通过这种侧面的或者是拟人化的方式,把自己的情感赋予具体的物。

通过几位同学的分享,我们体会到了贺敬之十年后回到延安百感交集的心情,以及诗人是怎样表达这些情感的。接下来我想跟大家探讨这样一个问题。

💬 三、合作探究论诗境

屏显:

> 《回延安》诞生于豪言壮语满天飞的二十世纪五十年代。……

师：《回延安》诞生于豪言壮语满天飞的二十世纪五十年代，也就是说在那个年代，一首好诗往往是标语式的、口号式的、公式化的、概念式的。但是贺敬之的《回延安》经历了60多年沧桑，仍然具有永恒的魅力。另一位大诗人臧克家曾经这样评价这首诗："贺敬之的《回延安》是他所有的诗歌作品中最好的一首。"那这首诗的魅力到底是什么呢？期待大家的新发现，可以和同学讨论一下。

（学生讨论）

师：大家讨论得比较投入，刚刚也有同学邀请我参加了小组讨论，同学们有很不错的发现。只要我们慢慢地思考进去，就会有很多新的发现。哪位同学先来分享？

生17：我们组发现这首诗有对中国古典诗歌的传承，比如说"树梢树枝树根根""亲山亲水有亲人"，我们觉得有点像《诗经》里的"兴"的手法，写出了家的那种归属感。

师：我们先来回顾一下什么叫"兴"。

生（齐答）：先言他物以引起所咏之物。

师：刚刚这位同学觉得"树梢树枝树根根""亲山亲水有亲人"有点像"兴"的手法，我们想想树梢、树枝、树根之间是什么关系呢？

生18：都是树的一部分，三者是一个整体。

师：亲山、亲水、亲人之间也是一个整体，是一家人。所以诗人写树梢、树枝、树根的目的是为了写"我"和延安是一家人。的确是先言他物以引起所咏之物。在这首诗里，运用类似手法的句子不止这一处，你们还能找到这样的句子吗？

生19："羊羔羔吃奶眼望着妈，小米饭养活我长大。"

师：这句话先咏羊羔感恩羊妈妈，目的是想表达延安养育了"我"，"我"要感恩延安的情感。第一组发现了《回延安》传承了中国古典诗歌的"兴"的手法，这是很棒的发现。其他小组继续来分享新发现。

生20：我们发现了这首诗采用了陕北民歌信天游的形式。

师：你们认为这首诗传承了陕北民歌信天游的形式，你对信天游有了解吗？

生20：唱腔高亢，据说信天游最早是人们在两个山梁上沟通用的，高亢才能让对方听到。

师：这是信天游的起源以及唱腔高亢的特点，有没有关注过信天游的语言形式？

生21：喜欢用陕北方言。

师：对，以方言为主，这首诗里面哪些词最能体现方言特色？

生21："几回回""几根根"。

师：不错，这些词带有典型的方言特色。其实信天游的语言形式还有一个特点，就是两行一段，段内是押韵的。我们来读读。

（生齐读第一节）

师：信天游的这种两句一段、段内押韵的形式也是对我们古典诗歌押韵的传承。

生21：我们组还有组员要补充。

生22：我还要再补充一点，我看到书上说信天游作为每年临近新年的一种比赛，类似于用唱歌来表达感情。

师：信天游的原名叫顺天游，就像天上的云一样，自由自在，特别适合抒发情感。传统的信天游比较短，但是贺敬之写得比较长，所以贺敬之不是简单地模仿信天游，而是对信天游进行了创新。

生23：我也有补充。我觉得贺敬之作为一名共产党员，他肯定是想歌颂共产党的伟大，但是他在创作时却是以一个普通民众的身份、以一个普通人的视角去看党的领导给中国带来的变化。这样的创作角度使诗歌显得更有亲和力，让读者更能够接受这种赞颂。

师：他怎么做到这种亲和力的呢？

生23：这首诗不是用空洞的口号来表达他想表达的东西，而是用极具地域特色的一些事物来表达。

师：非常好，这些极具地域特色的物象，在诗歌中就叫"意象"。好的诗歌是用意象来说话的。我们看看，这首诗用了哪些意象呢？

生23：红旗。

师：对，红旗是一个意象，它是一个什么色彩的意象呢？

生23：革命色彩。

师：对，是革命色彩——红色。还有吗？

生24：白羊肚手巾红腰带。

师：那这些意象代表着什么？

生24：陕北特色……

师：是的，这些是具有陕北地方特色的意象。所以这首诗里面的意象可以分为两大类：一类是具有地方特色的意象；一类是具有革命意味和时代特色的意象。诗中具有地方特色的意象有很多，除了刚才我们谈到的"白羊肚手巾红腰带",还有"黄土""延河""窑洞""窗纸""窗花""宝塔山""东山的糜子""西山的谷""油馍"等。这些只有在当地才有,所以它们非常具有当地的特色。那么具有革命色彩、时代特色的意象有哪些呢?"杨家岭的红旗""一条条街道宽又平,一座座楼房披彩虹;一盏盏电灯亮又明,一排排绿树迎春风……"这些都是意象,所以我们说贺敬之是用意象说话的。因为意象,所以诗歌有了魅力。同学们想一下,中国是个诗歌的国度,我们从《诗经》这个文化的源头到唐诗、宋词达到了高峰。到了宋代,很多诗人写诗喜欢说理,不太重视诗歌的意象,宋诗就没宋词那么厉害了。所以从这个角度说,一首诗的艺术魅力很大一部分是由什么决定的?

生齐答:意象。

师:对,意象的有无的确可以作为判断一首诗好坏的标准。如果用得好,诗歌就更形象;如果没有意象,就可能变成是标语式的口号。老师想补充的一点是,一开始你们就发现了诗人把延安比作家,比作母亲,其实这是贺敬之对中国文学最常见的两大"母题"的传承。母题的意思是不管怎么写,都脱离不了它们。中国文学里面有两大母题:一个是思乡,一个是恋母感恩。游子思归,贺敬之在诗中用非常滚烫的、炙热的情感来表达一个游子十年后回到了家乡、回到了母亲身边的那种情感。我们刚刚也讲了用意象说话，我想强调的是这种意象只有贺敬之才能写得出来，为什么呢？比如徐志摩写《再别康桥》，也是表达对康桥的眷念之情，但徐志摩的诗里面用了哪些意象？

生25："河畔的金柳""夕阳中的新娘""波光里的艳影"等。

师：对，这只能是徐志摩的意象，因为那是徐志摩的生活。所以同学们记住一句话："每一个诗人都是有属于自己的意象的，因为他们都拥有自己的独特生活。"

四、对待文学作品的科学态度

师：我们总结一下，这首诗为什么具有永恒的魅力呢？这首诗将古典诗歌的话语与革命的话语进行了完美的融合，它传承了我们中国文学的母题，它借鉴了信天游民歌的这种形式，它选用了独特的意象。所以说它是一首优秀的诗歌，而不是标语和口号。在这首诗诞生60多年之后，我们回过头再来读这首《回延安》，一方面是希望同学们通过读这首诗接受革命传统文化的教育，另一方面也是希望大家在新的时代能用新的眼光来品读这篇老课文。

最后丁老师想跟大家说，有人对《回延安》这样的作品提出过批评，认为这样的作品是有缺陷的。到底应该怎样看待《回延安》

这样的作品呢？我看到了文学评论家陈美兰的一段话，我觉得特别好，分享给大家。

屏显：

> 我们在研究文学发展的历史的时候，应该坚持一种科学的考察眼光，当一种文学潮流已经成为一种客观存在的现实的时候，我们的任务是认真考察它出现的原因、出现的历史依据，它呈现的历史特点以及它是否在某些方面为文学史做出过贡献。而不是用一种简单化的情感态度，只因为它与新生的文学潮流不合拍，与今人的审美情感有距离，就轻率地随意地弃之。

这才是我们对待文学作品应该有的态度。好，我们下课。

东坡写给自己的日记
——《记承天寺夜游》教学设计

| 教学背景 |

2015年11月19日,广东实验中学初二(1)班。这是在学校举行的课例研讨活动中执教的一节公开课。

| 教学过程 |

💬 一、导入

今天,我们来学习苏轼的《记承天寺夜游》,同学们先把课文读一遍。

（生自由朗读课文）

这篇只有85字的短文被林语堂先生赞誉为"苏轼笔下最精的作品"之一，它其实很像东坡写的一篇日记。

二、课文变形，感知文本

试着把课文变成日记的样子。

提问：时间原文中有，天气呢？

预设：从"月色入户"可以读出那天晚上是个晴天，并且月亮很圆很亮。

课文变形：

    时间：元丰六年（1083年）十月十二日夜　　天气：晴

  （我）解衣欲睡，月色入户，欣然起行。念无与为乐者，遂至承天寺寻张怀民。怀民亦未寝，相与步于中庭。庭下如积水空明，水中藻荇交横，盖竹柏影也。何夜无月？何处无竹柏？但少闲人如吾两人者耳。

小结：从形式看，这就是一篇日记。

把课文根据表达方式变形为三段。

提问：课文只有一段，能否把课文变为三段？说说你的理由。

课文变形：

  元丰六年十月十二日夜，解衣欲睡，月色入户，欣然起行。念无与为乐者，遂至承天寺寻张怀民。怀民亦未寝，相与步于中庭。

  庭下如积水空明，水中藻、荇交横，盖竹柏影也。

  何夜无月？何处无竹柏？但少闲人如吾两人者耳。

理由：第一段是叙事，第二段是写景，第三段是抒情。

小结：从写作内容看，这也是一篇日记的常见写法。

三、文本细读，披文入情

提问：日记是个人秘密的保存，是自己与自己灵魂的对话。日记是最个人化的。在东坡的这则日记里，你读出了东坡怎样的内心？你读出了东坡是个怎样的人？

（一）我们先从叙事部分读起，找一位同学来读，其他同学思考记叙文字背后的东坡

教师预设：

"解衣欲睡"——夜还未深，东坡却无事可做，所以东坡可能有些孤独。

"月色入户，欣然起行"——换作一个昏昏欲睡之人，就算看到月光，可能他会想：先睡吧，月光有的是，月光有什么好看的？但东坡却是欣喜的，因自然物而喜，所以东坡心中有诗意，情趣高雅。

"念无与为乐者"——"念"，《说文解字》中解释为"常思也"。东坡在沉吟、思量，他要找一个最合适的人选，来共享这美丽的月色。从中可以看出东坡的孤独、寂寞。

"遂"——立马，就。可以看出东坡的率性、洒脱，性情中人。

"亦"——可以去掉此字，让学生通过比较来体会情感的差异。这个"亦"字可以读出东坡的惊喜之情，还可以读出两人心有灵犀的默契。

从以上分析，我们可以做出以下的猜测：怀民也许和东坡一样孤独、寂寞，怀民也许和东坡一样被月吸引，怀民也许和东坡一样率性而为。

（二）破译写景名句里的东坡心绪

1. 请全体女同学读一下写景的句子。

2. 提问：谁来描述一下这个写景的句子？

预设：这是一个省略句，学生描述时可能会出错。通过此问，在帮助学生纠错的过程中，让学生在正确理解句意的基础上，感受写景句的画意美。

3. 提问：面对这空明的月色，作者心情如何？

预设：宁静、喜悦。可以设计一个语用活动，让学生在"盖"字前面加一个感叹词，通过这个活动去感受作者的惊喜之情。

4. 比读，进一步体会东坡写景之妙。

庭下如积水空明，水中藻、荇交横，盖竹柏影也。

庭下月色如积水空明，竹柏影如水中藻、荇交横。

预设：原句的言语形式：一是省略句，省略了第一个比喻句的本体；二是倒装句，第二个比喻句把本体放在后面。这样的言语形式写出了作者一瞬间的错觉，东坡尊重这种错觉，还饶有兴趣地记下并陶醉于这种错觉。

启发学生进一步思考，作者明知道是错觉，为什么还要煞有介事地去写它？

预设：空幻之景，到底是真还是假？内心的宁静和惊喜到底是真正的快乐还是暂时的幻觉？

（三）品读抒情句中东坡与自己灵魂的对话

请全体男同学读一下最后抒情的句子。

教师预设以下追问：

1. "何夜无月？何处无竹柏？"东坡到底在问什么？

预设：皎洁的月色常有，美丽的风景常在，可为什么很多人发现不到，欣赏不了啊？

2. 东坡在问谁？

预设：问自己，问怀民，问天下人。

3. 东坡找到答案了吗？

预设：找到了，"但少闲人如吾两人者耳"。

4. 从这个答案里，你读出了什么？

预设：东坡为自己是闲人而得意，一份自得，几许自赏，内心愉悦、满足和陶醉。

5. 怎么理解"闲人"？

预设：（1）闲情雅致之人，有一双发现美的眼睛，有一颗善于感受美的心。

（2）清闲之人，无案牍之劳形。苏东坡和张怀民两人在当时都是被贬官之人。

（3）悠闲之人，不为名利而忙碌。真正放下，把自由还给了自己，豁达而乐观。

教师小结：皎洁的月光如清水般让作者沉浸在一片宁静与喜悦中，但苏东坡也曾怀疑这种宁静与喜悦是不是暂时的空幻，但在他对自己灵魂的一步步追问中，他决定超然于世俗名利，让自己拥有一颗空明自由的心灵。东坡是那种给点阳光就灿烂,没有阳光,自己点一盏灯也能灿烂的乐观主义者。在命运的黑云沉沉笼罩之时,东坡懂得为自己点一盏心灯,这是他的豁达与坚韧。

希望同学们也能够拥有东坡似的追问生活的勇气和习惯,能直面人生,优雅从容地活着!

四、总结

《记承天寺夜游》被林语堂先生赞誉为"苏轼笔下最精的作品"之一。苏轼为人豁达自适,作文也是洒脱自然。本文语言质朴而文雅,简洁而凝练,确实当得起林语堂先生的评价!

板书设计:

东坡写给自己的日记

叙事　寻友　寂寞　洒脱　高雅

写景　月色　欣喜　沉醉　虚幻

抒情　心境　自得　超然　自由

普通山水和一颗"文心"的相遇
——《小石潭记》教学实录

| 教学背景 |

2021年3月9日,广东实验中学荔湾学校初二(1)班。这是一节家常课,教学时长两课时。

| 教学过程 |

一、《江雪》导入

师:今天我们来学习一篇短小精美的游记,这篇游记的题目就叫《小石潭记》,作者是柳宗元。提起柳宗元,我们都会脱口而出他写的一首很有名的小诗,这首诗是?

生:《江雪》。

师:我们一起背诵一下这首诗。

生:千山鸟飞绝,万径人踪灭。孤舟蓑笠翁,独钓寒江雪。

师:这首小诗里隐藏着柳宗元的心灵密码,这个心灵密码到底是什么呢?先不揭秘,我只透露一点,《江雪》和《小石潭记》这两个作品都创作于柳宗元在永州期间,先留个悬念吧。

💬 二、初读正音

师:我们先来读一读课文,把字读对,把文读顺。

(生齐读)

师:有没有字音和断句需要我们注意的?

生:第一段中的"心乐之"中的乐应该读成"lè",是高兴、快乐的意思。

师:很好,还有要注意的吗?

生:"青树翠蔓"中的"蔓"应该读"wàn",是"藤蔓"的意思。

师:这个同样是多音字,需要根据具体语境和含义来确定读音。

生:"卷石底以出"应该怎么断句?

师：你们刚才怎么读的？再读一遍这句话。

生：卷石/底以出。

师：这样断句行不行？这句是什么意思？我们来读读注释。

生（齐读）：石底周边部分翻卷过来，露出水面。

师：根据这个意思，我们发现句中哪个词语是不能分开读的？

生：石底。应该读作：卷/石底/以出。

师：翻译的时候，语序需要调整一下。第一段中还有句话，它的语序也是需要调整的，是哪一句，有没有发现？

生：全石以为底。应该调整为：以全石为底。

师：字音和断句都搞清楚了，第一遍读的时候，你们还有点怯生生的，估计是担心自己读错，现在应该可以无所顾忌地读了，我们把课文再读一遍。

（生再次齐读课文）

三、依文辨图

师：读了两遍课文，对柳宗元笔下的小石潭什么样子应该有一个大致的认识了。小石潭在湖南永州，现在的永州真有这个景点。我找了三张照片，只有一张是现在的永州小石潭。根据刚才的朗读，你们来猜一猜哪个是永州的小石潭，一定要有文本依据哦。

图1 图2 图3

优秀语文老师的
修炼指南,值得一看!

我们为正在阅读本书的你,提供了以下专属服务

① **作者导读视频** 丁之境老师亲自解读本书,讲述创作心得,丰富您的阅读体验

② **必备技能合集** 包含普通话指导、教育心理知识、课件制作方法,全面满足您的需求

③ **教学理论学习** 精选名家教育理论,深度研习大师经典,助您提升专业素养

④ **专属精彩活动** 参加现场签售会,和作者零距离互动,交流教育心得

微信扫码

添加【智能阅读向导】

☑ 看**行业报告**,掌握教育行业一手资料

☑ 加**专业社群**,和众多优秀教师切磋交流

☑ 用**读书笔记**,一键拍照摘录学习心得

生1：我认为图一是永州的小石潭，"坐潭上，四面竹树环合"，图一周围都是竹子和绿树，符合"四面竹树环合"的特征。

师：其他同学呢？你也可以选图一，但要补充新的理由；当然也可以选其他。

生2：我也选图一。我首先排除图三，图三的潭水一点也不清澈，面积也有点大。图二呢，阳光明媚，不符合文章写的"凄神寒骨，悄怆幽邃"的特点。

师："凄神寒骨，悄怆幽邃"是什么意思？

生3：让人感到心情悲伤，寒气透骨，凄凉幽深。

师：根据翻译，我们要注意这句话中的"凄"和"寒"这两个字的活用现象。有同学知道吗？

生4："凄"翻译为"让人感到心情悲伤"，"寒"翻译为"让人感到寒意透骨"，所以是使动用法。

师：小石潭周围的氛围让作者感到过于凄冷了，所以他"以其境过清，不可久居，乃记之而去"。这句话中的"以"和第一段中出现的两个"以"的意思都不同，这个"以"是什么意思？

生4：因为。

师：很好。通过刚才的理解和分析，很多同学认为图一最符合课文的描述。还有其他不同的意见或者新的补充吗？

生5：我觉得是图二，我的理由是图二潭水也很清澈，并且也符合四面竹树环合的特点，并且光线明亮，在阳光照射下水底的石头、树根都看得很清楚。这和第二段中描写的"日光下澈，影布石上"十分吻合。

师：有同学提出了新的看法，并且说出的理由也很充分。我们先来看看他找到的新依据，"日光下澈，影布石上"，这句中的"下"怎么理解？

生5：向下。

师：对，非常好，"下"是"向下"。这个字在这里也是词类活用了，原本是名词，但现在变成了"状语"，"状语"通常放在谓语动词的前面。"澈"在句中就是动词了，可以解释为"穿透"。我们顺便归纳一下，在课文中找一找类似这样用法的词。

（生圈画寻找）

生（纷纷举手发言）：

"从小丘西行百二十步"中的"西"应翻译为"向西"。

"潭西南而望"中的"西南"应翻译为"向西南方向"。

"皆若空游无所依"中的"空"应翻译为"在空中"。

"俶尔远逝"中的"远"应翻译为"向远方"。

"斗折蛇行"中的"斗""蛇"应翻译为"像北斗星那

样""像蛇那样"。

"其岸势犬牙差互"中的"犬牙"应翻译为"像狗牙那样"。

师：非常棒，全部都找出来了，回顾一下我们初一时学过的一篇文言文，其中有个字的用法和"斗折蛇行"中的"斗""蛇"的用法一样，大家能否想起来？

生6：《狼》一课中的"其一犬坐于前"，"其中的一只狼像狗一样蹲坐在前面"。

师：必文同学的记忆力真好，我们要经常温故，才能知新啊。

四、理清线索

师：图二确实是"日光下澈"，阳光向下一直照到了水底。到底哪一幅图是现在的永州小石潭呢？这是这堂课的第二个悬念。两个悬念，我们保留神秘感，到最后再揭秘。好，下面我们继续往下读。通过刚才的依文辨图这个环节，我们弄懂了重点词语的意思和用法，也完成了对课文内容的理解。在理解课文内容的基础上，我们进一步来理清一下这篇文章的线索。

（学生边说，老师边板书）

生1：首先是找到了小石潭，叫发现小石潭吧。

师：发现小石潭。（并板书）他是怎么发现的呢？我们读一读。

生（齐读）:"从小丘西行百二十步，隔篁竹，闻水声，如鸣珮环，心乐之。伐竹取道，下见小潭，水尤清冽。"

师：原来作者是受水声的吸引，才发现小石潭的。水声很好听，像玉饰碰撞发出的清脆之音。这种乐音，让作者心里很快乐。所以他才不惜力气，砍伐竹子，开出道路，向下看到了小石潭。发现小石潭之后，接着写了什么？

生2：接着写小石潭的景物，写了水、石头、水里的鱼、周围的竹树。

师：我们来看看这些景物的特点，首先读读写水的句子。作者见到小潭，第一反应是"水尤清冽"。注意这个"冽"字的偏旁，是两点水，和三点水的"洌"有什么不同？

生3：两点水，说明不仅清，还冷。

师：少了一个点，说明水的形态发生了改变，两点水的汉字，更多和温度低有关，比如冷、凉、冰等。石潭中的水很清凉，那么石头有什么特点呢？

生4：石头很奇特，并且形状各异。小石潭的底部是一块完整的石头，翻卷出来的部分形态各异，"为坻，为屿，为嵁，为岩"。

师：我们再来读读写鱼的句子。

生（齐读）：潭中鱼可百许头，皆若空游无所依，日光下澈，影布石上。佁然不动,俶尔远逝,往来翕忽。似与游者相乐。

师:这一段是怎么写鱼的?写出了鱼的什么特点?

生5:写了鱼的数量,大约100条。写了鱼的静止状态和游动的状态,我感觉潭中的鱼自由自在,很快乐。

师:动静之间,一群自由快乐的鱼跃然纸上!这一段是在写鱼也是在写——

生:也是在写水,写出了水的清澈。

师:这是什么写作手法?

生6:侧面描写,用鱼的清晰可见来衬托水的清澈见底。

师:既写了鱼的自由快乐,又承接上文表现了水之清冽,正面侧面结合,更立体地呈现了描写对象,这种写法值得我们学习。写完了小潭景物,作者接着又写了什么?小潭中的水是从哪里来的?

生7:接着写的是小石潭源流。小石潭中的水是从一条小溪流过来的,小溪的溪身像北斗星、像蛇那样曲折蜿蜒,小溪的溪岸像犬牙那样交错不齐,其源头很远,所以没办法知道小溪的源头到底在哪里。

师:理解到位!这一段抓住景物特征,写出了小溪的特点。小石潭源头写完后,又写了什么?

生8：小石潭周围的气氛。其气氛可以用"凄清"二字概括，因为过于凄清，柳宗元一行没有停留太久就离开了。

师：文章最后一段，作者还补记了五位同游者。一共六人参加了这次郊游。

💬 五、体会情感

师：一切景语皆情语，柳宗元在这篇文章里直接表达了自己的情感。请同学们找出直接表达作者心情的两个词。

生：乐、凄。

师：柳宗元因什么而乐？

生1：因发现美景而乐。

生2：因赏鱼而乐。

师：潭中鱼似与游者相互逗乐，鱼是不是真的很快乐？我们不是鱼，自然不能判断鱼有无情感，但是我们可以判断出柳宗元当时的心情是快乐的。柳宗元在写鱼，其实是在写自己，他觉得能够陶醉在自然山水里是很快乐的，所以总体来讲柳宗元的快乐是一种——

生3：寄情山水之乐。

师：是的，他能够欣赏自然的美景，他能够行走在山水之间，他就忘记了一切的烦恼。他的内心怎么就转到凄了呢？

生4：他应该是触景生情，小石潭周围的气氛凄凉幽深，触发了柳宗元内心的落寞和失意。

师：一经凄清环境的触发，暂时的快乐消失了，真实的落寞、失意又涌上了心头。柳宗元为什么到永州？他在永州的生活状态是怎样的？我们来进一步了解一下柳宗元这个人。

PPT：

柳宗元是世家子弟，祖祖辈辈在朝中为官，写得一手"璨若珠贝"文章的他在二十一岁（贞元九年）就考取了进士——这在当时可是一件了不起的事情。

贞元二十一年，唐德宗病逝，王叔文等人拥立唐顺宗李诵继位，改元"永贞"，随即点燃了一场轰轰烈烈的政治革新运动。柳宗元凭借着一腔理想，义无反顾地积极投身其中。这场四面树敌的改革运动不过半年的时间就被扑灭了，参与者受到了不同程度的打击迫害。

柳宗元，作为革新运动的"主将"，被贬到了荒凉偏远的永州（在今天湖南、广西交界处）做了一个不能干预地方政务的永州司马，政治生命画上句号。柳宗元在永州待了十年，又被贬到更远的柳州待了五年，四十七岁的时候就在柳州去世了。

师：了解了柳宗元的经历，我们可以想象一个世家子弟，一个超级学霸，一个热血青年，被贬到荒凉偏远的永州，这是怎样的一种打击！柳宗元在永州待了十年，写了很多山水游记的文章，后来又被贬到了广西的柳州，四十七岁的柳宗元把生命永远定格在了柳州。他的一生中，最不如意的时光就是最后的这十五年。落寞失意的柳宗元，怎么去打发时光呢？

生：游山玩水。

师：他游山玩水是为了什么呢？

生：为了排解自己内心的郁闷。

师：所以我们到这里就明白柳宗元的"乐"与"凄"了。这篇文章先写"乐"，再写"凄"，其实是以乐写凄，更见其凄。

💬 六、悬念揭秘

师：终于到悬念揭秘的时间了，第一个悬念：《江雪》一诗里隐藏着柳宗元怎样的心灵密码？在正式揭秘之前，我们来读一读这篇文章的最后一段。

（生齐读）

师：为什么要交代同游者？是不是没什么用的闲笔？我们回到第四段，"四面竹树环合，寂寥无人"，明明有六个人啊，怎么说"无人"？

生：他内心孤独寂寞，内心"无人"。

师：我们来看看这五个人到底是什么人？吴武陵，柳宗元的好友，当时也被贬官到永州，跟柳宗元同是天涯沦落人。龚古，永州的隐士，柳宗元的文学知音。第三个人是谁？柳宗元的堂弟，这个堂弟不简单，堂弟为了柳宗元，毅然放弃了自己的家业，一路陪伴柳宗元到永州。崔氏二小生是谁？他们是柳宗元的亲外甥。陪伴柳宗元的这五个人，用四个词来形容——至亲好友！至亲好友知道柳宗元不开心，所以就陪他出来游山玩水。可是就算有至亲好友的陪伴，柳宗元依然觉得寂寥无人！由此可见，柳宗元内心的凄凉、孤独到了什么程度？貌似闲笔，实则用至亲好友的陪伴来反衬作者内心的旷世孤独。同样写于永州期间的《江雪》，这首诗每句的第一个字连起来是什么呀？

生（齐读）：千万孤独！

师：是的，这就是柳宗元的心灵密码，他内心的旷世孤独。我想我们读到这里，已经品出了柳宗元《小石潭记》的味道，读懂了柳宗元的心。我们继续进行第二个揭秘：哪张图是现在永州的小石潭？正确的答案是图三，和课文描写最不像的那张。为什么会是这样？

生1：因为课文写的是唐朝的永州小石潭，照片拍的是现在的永州小石潭。一千多年的时间，早已物是人非，早已不是旧时模样了。

（全班响起了热烈的掌声）

师：很有道理！还有其他想法吗？

生2：俗话说，看景不如听景啊，文学家太会写了，写得比真实的风景还美。

师：非常赞同你的观点，我们一起读PPT上的这段话：

永州的山水原本是极其普通的自然山水，但是，在公元805年，这普通的自然山水和柳宗元一相遇，便应了那句诗"金风玉露一相逢，便胜却人间无数"，永州的山水由此成为中国文学史上不朽的篇章！

师：这是自然山水和一颗文心的美丽相遇，文字的光辉让这口小小石潭光耀千古！在中国文学史上，这样的例子数不胜数，比如李白和天姥山、杜甫和泰山、崔颢和黄鹤楼、范仲淹和岳阳楼、王勃和滕王阁等等，这些自然景观、人文景观，因为文学而光芒四射、映照古今。我们阅读中国古代的山水诗，欣赏中国的山水画，一定要去思考自然山水与文人的关系。

PPT：

  柳宗元在永州写了不少和山水有关的文字，其中有八篇山水游记写得格外精彩，被称为"永州八记"：

  《始得西山宴游记》

  《钴鉧潭记》

  《钴鉧潭西小丘记》

  《至小丘西小石潭记》

  《袁家渴（hè）记》

  《石渠记》

  《石涧记》

  《小石城山记》

师："永州八记"成为中国散文史上的名篇，因为柳宗元，永州的山水从此就不一样了，自然的山水与一颗文心的相遇，让普通的山水变得不朽，成为永恒，这是件多么美好的事情！下课！

我们读懂的和我们读不懂的
——《白杨礼赞》教学实录

|教学背景|

2018年12月4日，广东实验中学初二（12）班。这是一节家常课，教学时长两课时。

|教学设想|

《白杨礼赞》是现代作家茅盾于1941年所写的一篇散文，在消失多年后，重又回到了教材，被编入统编版教材《语文》八年级上册第四单元。因担心文章写作年代久远和孩子们有隔阂，更担心我先入为主的解读遮蔽孩子们的发现，所以此篇课文我决定采用先学后教的模式，先放手给学生读，在自主阅读基础上，基于学生提出的问题来推动课堂教学。

学生先读，不能是放羊式没有方向感地读，结合单元目标"了解不同类型散文的特点，着重把握各类散文在写法上的独特之处"，我布置了这样的自学任务：围绕"散文是作者用个性化的言语形式来表达自己独特思想情感的一种文体"这句话自读课文，并把自己的发现写在随想本上。在阅读的过程中，还可以提出一两个自己不理解的问题。

该自学任务的设计兼具开放性和指向性，既能给学生提供自读自赏的方向，又能启发学生自主生发多个问题。

| 教学过程 |

一、课堂导入

课文预习提示中说，这篇文章特别适合朗读，请大家做好朗读准备，我们一起大声朗读，尽量读出激情和豪气。

（学生大声朗读课文）

二、分享"我们读懂的"

师：同学们自学了课文，还完成了笔谈作业。老师把大家的发现进行了摘录和整理，我们一起读一读这些精彩的发现。同学的名字也要读出来啊，这是属于他们的荣光。我们开始读：

（一）个性化的言语形式

1. 从表达方式看：

文章以抒情为主，作者直接抒发对白杨树的情感，毫无保留，热情奔放。（姜亭伊）

2. 从句式上看：

（1）多用感叹句、反问句，所抒发的情感更加强烈、饱满。（姜亭伊）

（2）课文大量运用感叹句、反问句，使人读起来气势磅礴、热血沸腾，情绪饱满，抑扬顿挫，富有节奏感。（林绮涵）

（3）运用反问句的那一段话，句式整齐，看着便令人心旷神怡，再加上情感浓烈的感叹句和反问句，使文章更慷慨激昂，让我隔着纸都能感受到作者的讴歌之情。（徐昊原）

3. 从写法上看：

（1）先写漠漠高原之景，写其雄浑但单调，然后笔锋一转，"然而刹那间，要是你猛抬眼看见前面……"，抑扬之间，反衬出

白杨"普通但不平凡"的特点,令人耳目一新。(王亿)

(2)这篇文章多处运用了对比手法,比如第二段高原雄壮伟大与单调的对比,突出了黄土高原给人们的感受;"恹恹欲睡的情绪"和"惊奇地叫了一声"对比,突出了白杨树给人带来的震撼;最后是白杨树和其他名贵树木的对比,突出了白杨树的精神。(陈倚淇)

(3)整篇文章最大的亮点是象征手法的运用,作者先把白杨树象征成北方的农民,突出白杨树的质朴;再把白杨树象征成傲然挺立守卫家乡的哨兵,突出白杨树的坚强不屈;最后把白杨树象征成中华民族的精神和意志,点明主题,升华了主旨。(陈倚淇)

(二)独特的思想情感

作者一直在赞美白杨树坚韧、不屈的精神,其实是借白杨树赞扬抗日军民的精神和意志,赞美西北人民默默无闻、不屈不挠的精神。作者看似抒发对白杨树的赞美之情,实际上是对抗日军民,乃至整个中华民族顽强、自强不息精神的赞美。(梁怡倩)

三、探讨"我们不懂的"

(一)PPT 呈现精选问题

1. 文章开头,作者开门见山赞美了白杨,第二段用大量笔墨

写了黄土高原的景象,若说是为下文做铺垫,是否有些冗长?(徐昊原)

2. 老师说散文中要有"我",《白杨礼赞》中有"我"吗?(徐昊原)

3. 为什么茅盾要将白杨树象征的东西明明白白写出来,而不是让读者自己去体悟?(李资楷)

4. 作者为什么在课文后面一直重复白杨树的优点?不断重复,让人觉得很烦琐,我更喜欢《背影》一文语言的简洁。(黄文熙)

(二)问题的解决过程

1. 第二段用那么大的篇幅写高原景象,是否有些冗长?

生1:写高原单调,和下文"我"看到白杨的惊奇构成抑扬对比。

生2:写高原的雄壮、伟大,为下文写白杨树做铺垫、蓄势。

生3:写高原是从白杨树生长环境的不平凡的角度来写白杨树的不平凡。

师:哪里可以看出生长环境的不平凡?我们来读读第二段。

(生齐读)

师:从"黄的是土,未开垦的荒地,几百万年前由伟大的自然力堆积成功的黄土高原的外壳;绿的呢,是人类劳力战胜自然的成果，是麦田……"，我们可以读出黄土高原的什么？

生：厚重，土层的厚重，历史的厚重。

师：也就是说，白杨树生长在如此厚重的高原上。仅仅是白杨树生长在这厚重的土地上吗？

生：不是，还有北方的农民，还有我们中华民族，这里是我们民族的发源地。人们在这块厚重的土地上辛勤劳作，开垦了田地，创造了文明。

师：所以，第二段不仅在结构上为下文铺垫、蓄势，在内容上已经通过写生长环境的不平凡来写白杨树的不平凡了，并且已经暗写了北方的农民和中华民族的精神。这样来看，这段的篇幅不存在冗长的问题了。

2. 《白杨礼赞》中有"我"吗？

生：当然有"我"啊，文章第二段告诉我们作者是坐在汽车里的，文章写的就是作者的所见所闻啊。

师：徐昊原，你满意这个回答吗？你问这个问题的本意是什么？

生：我的本意是，文章赞美白杨树，但是白杨树和作者个人有什么关系？

师：我明白了，其实徐昊原是想问为什么《白杨礼赞》抒发的情感和我们以前读过的借物抒怀的散文不一样,这是很有价值的一个问题。在《白杨礼赞》之前,咏物抒怀类的作品大多是用来表达作者对某种品德或事物的好恶,抒发个人的志向或情感,也就是人们常说的抒发的是"小我"之情。而《白杨礼赞》借咏自然之物来抒发作者的政治情怀,赞颂的是当时抗日军民的性格、品德、精神和意志。像这样的直接为当前重大革命斗争服务,抒发"大我"之情的成功之作,在当时比较少见。所以文章表现的不是"小我"的情感,而是"大我"的情怀。

3. 为什么茅盾要将白杨树象征的东西明明白白写出来,而不是让读者自己去体悟?

生1:作者写这篇文章明显是有政治目的的,如果写得含蓄隐晦,怎么让人明白啊?

生2:本文写于1941年抗日战争相持阶段,国难当头,要鼓舞士气,要号召大众抗日卫国,肯定不能委婉含蓄啊。

师:我赞同两位同学的见解。《白杨礼赞》是一篇形式巧妙的革命颂歌和战斗檄文,也是一首情文并茂的政治抒情诗。如果采用含蓄的表达,不能充分表达作者对边区抗日军民强烈的赞颂之情,也不能把共产党的抗战政策直接加以赞颂。所以作者采用的是赞颂文体和咏物抒怀的方法,酣畅淋漓地抒发了内心的一首赞歌。

4. 作者为什么在课文后面一直重复白杨树的优点？不断重复，会不会让人觉得很烦琐？

师：黄文熙，你觉得文章哪里一直在重复？

生：一是第一、四、六、八段反复出现"白杨树是不平凡的树"，二是第七、八段重复出现"北方的农民""民族的精神"这类语言。

师：我们先来看一、四、六、八段反复出现的"白杨树是不平凡的树"，大家来读一读：

> 白杨树实在是不平凡的，我赞美白杨树！
> 那就是白杨树，西北极普通的一种树，然而实在是不平凡的一种树！
> 这就是白杨树，西北极普通的一种树，然而决不是平凡的树！
> 白杨不是平凡的树。它在西北极普遍……

这些相似的句式反复出现，大家会不会觉得很烦琐？

生：我觉得不会，作者通过不断强调白杨树的不平凡来抒发自己的情感，这几句话是文章的抒情线索，把全文串联起来了。

师：发现了抒情线索，很好。这种结构形式，你们在什么作品中经常看到?

生：歌曲中。

师：是的，在歌词中经常可以见到。在文学作品中呢?

生：《诗经》。

师：的确，在《诗经》中也经常可以看到这种形式，有"一咏三叹"的抒情效果啊。我们再来读读第七、八段，看文章的重复有没有道理?

（学生齐读）

师：第七段有四个反问句，我来读问句，你们用"不只是……还（而）是……"的句式来回答我。

师：难道你就觉得它只是树?

生：不只是树，还是指人。

师：难道你就不想到它至少也象征了北方的农民?

生：不只是指人，还是指北方的农民。

师：难道你竟一点也不联想到，像这白杨树一样傲然挺立的守卫他们家乡的哨兵?

生：不仅是指普通的农民，还是指守卫家乡的哨兵。

师：难道你就没想到白杨树象征了今天在华北平原纵横决荡，用血写出新中国历史的那种精神和意志?

生：不仅是指哨兵，还是指中华民族的精神和意志。

师：所以，这四个反问句之间形成什么关系？

生：层层递进的关系。

师：层层递进，加强语气，形成排山倒海之势，强调了情感的表达。实际上，在文章里，作者需要我们像刚才那样回答吗？

生：不需要。

师：为什么？

生：因为第八段作者自己回答了。

师：所以第七、八段从形式看，是什么关系？

生：问答的关系。

师：作者在问答之间更加酣畅淋漓地抒发了自己的赞颂之情，并且一层层揭示出了白杨树的象征意义。所以这不是没有意义的重复，自然也不会让人产生烦琐之感。

师：读完第七、八段，我们再来读读最后一段：

> 让那些看不起民众、贱视民众、顽固的倒退的人们去赞美那贵族化的楠木（那也是直挺秀颀的），去鄙视这极常见、极易生长的白杨树吧，我要高声赞美白杨树！

师：最后一段，我们该用怎样的语调来读？和第七、八段一样吗？

生：不太一样，更加慷慨激昂，严厉斥责那些瞧不起民众的人，并以此来表明自己的态度，高度赞美像白杨树那样的民众。

师：好，我们再用慷慨激昂、掷地有声的语调读出作者的斥责和赞扬。

四、思考"老师追问的"

师：解答完同学们的问题后，老师也想问一个问题：有人认为散文贵在真实，你们觉得作者笔下的白杨树是写实的吗？

我们一起来读读课文第五段：

那是力争上游的一种树，笔直的干，笔直的枝。它的干通常是丈把高，像加过人工似的，一丈以内绝无旁枝。它所有的丫枝一律向上，而且紧紧靠拢，也像加过人工似的，成为一束，绝不旁逸斜出；它的宽大的叶子也是片片向上，几乎没有斜生的，更不用说倒垂了；它的皮光滑而有银色的晕圈，微微泛出淡青色。这是虽在北方风雪的压迫下却保持着倔强挺立的一种树！哪怕只有碗那样粗细，它却努力向上发展，高到丈许,两丈,参天耸立,不折不挠,对抗着西北风。

(生齐读,这时下课铃响了。)

师:请同学们课后重点研读一下课文第五段,把你的看法和思考写在随想本上。明天上课,我们继续分享大家的看法和思考。

第二天语文课上,同学的分享如下:

李睿婷:我认为《白杨礼赞》第五自然段对白杨树外形的描写不完全属于实写。"一丈以内绝无旁枝""它所有的丫枝一律向上"等句中"绝无""所有""一律"等词明显过于绝对化,有些夸张。作者之所以这样夸张,是其写作目的决定的。作者写本文的目的就是通过写戈壁上的白杨树来写抗日军民、中华民族的精神和意志,为此,作者在描写中有意突出了"伟丈夫"的形象,例如"绝无旁枝""高到丈许""不折不挠""对抗着西北风"等。作者在对白杨的描写中,注入了自己的情感,这使得文中的白杨形象有别于现实中的白杨树,文中的白杨树更完美,更具有树中伟丈夫的形象。

姜亭伊:"绝不旁逸斜出""没有斜生""一律向上"

的白杨树在自然界或许并不存在，但白杨树力争上游、倔强挺立的形象为真。作者描写白杨树的外形，是为了表现白杨树朴质、坚强、力求上进的精神，更是为后文表现中华民族顽强坚韧的精神做铺垫。所以作者笔下的白杨树是作者心中理想化的白杨树，虽然有点夸张，但其代表的精神是确凿为真的。

林绮涵：我认为，《白杨礼赞》第五自然段对白杨的描写并不是写实的。作者或许真的在广袤的西北高原上，在恹恹欲睡之际，看到了这样一棵或这样一排白杨树，或许这白杨树也确实如作者所言，笔直挺拔。但是，它真的"一丈以内绝无旁枝"吗？真的"所有的丫枝一律向上……绝不旁逸斜出"吗？真的宽大的叶子"片片向上"吗？未必如此。要想找到一棵像作者所描写的那样的白杨树，实在是太难了。作为文学创作，作者其实也没有必要完全写实。丁老师说过，散文是经过作者艺术化处理的，在《白杨礼赞》中，作者为了表现白杨树的坚韧、挺拔，为了更好契合它的精神美及其象征意义，稍微夸张地写了它笔直的外形。文学都是虚实相生的，作者笔下的白杨是掺杂了他的个人情感之后的白杨，是他怀着对抗日军民赞美之情而看到的白杨。一切景语皆情语，文学创作不必为"写实"所局限。

梁怡倩：我认为，茅盾笔下的白杨不是真实的。首先，散文是作家用个性化的言语形式表达自己独特思想情感的一种文体。茅盾先生在看白杨时一定是蕴含了某种感情，并且把情感寄托于白杨的，所以在描写白杨外形时，"绝无""一律""绝不"等词有点夸张，过于绝对了。而且作者用"伟岸、正直、朴质、严肃，也不缺少温和，更不用提它的坚强不屈与挺拔"这些形容人的语句来形容白杨树，还把白杨说成树中的"伟丈夫"，这些都说明作者笔下的白杨已不只是自然界中的白杨树了。最重要的是，作者的写作目的就是要借白杨树的形象象征北方军民和民族精神，不能不对白杨树进行人为的美化和比拟。白杨本是客观存在的植物，其本身并没有所谓的"品质"。艺术源于生活，但必高于生活！正如茅盾在《风景谈》中写的那样：人类的高贵精神的辐射，填补了自然界的疲乏，增添了景色，形式的和内容的。人创造了第二自然！

师：从这几位同学的分享中可以看出，他们不仅读懂了《白杨礼赞》这篇课文，而且在阅读赏析的过程中对散文的特点有了更深的认识。关于散文虚实的问题，上海师大王荣生教授的观点可能会对大家有所启发，我们一起读读：

PPT：

  散文不尚虚构，但散文的写实，也不是"客观的"写实，而是"这一位"作者极具个人特性的感官所过滤的人、事、景、物。其所感所思，也极具个人色彩。

  文学性散文高度个人化的言说对象和言说方式，是与论文报告、新闻通讯的区别。我们阅读散文，是感受作者的所见所闻，体认作者的所感所思。后者是需要公认的。散文不需要公认。

——上海师大王荣生教授

师小结：《白杨礼赞》我们就学到这里了，希望同学们能自行总结概括在本课中学到的新知识、用到的新方法，不仅学会了这一篇，更要学会读"这一类"的文章。

附听课感言:

基于问题解决的散文阅读教学

肇庆市怀集县语文教研员　王玉婷

反复欣赏了丁之境老师的《白杨礼赞》课堂实录,觉得特别棒。写下一点感想,与同行们分享。

一、基于问题解决的课堂教学——"问题"来自哪里?

丁老师的课堂问题来自于学生。在绝大多数课堂上,教师是课堂的预设者,教师几乎预设了一节课想解决的所有问题,或者说教师认为有价值的问题。但是,丁老师没有这样做,他给学生布置了自学任务,让学生围绕"散文是作者用个性化的言语形式来表达自己独特思想情感的一种文体"这句话自读课文,并把自己的发现写在随想本上,还让学生提出一两个自己不理解的问题。于是,课堂上就有了学生精彩纷呈的"我们读懂的"和学生真实自然的"我们不懂的"。学生已经读懂并清晰表述出来的东西,不再是问题,无须挤占宝贵的课堂时间进行低效劳动。但丁老师还是安排同学们大声读出部分学生的精彩发现,并且要求读出这些同学的名字，强调这是属于他们的荣光。这个教学细节既是对认真自学并学有所获的学生的激励，更是面向全体学生的教学，因为不是所有学生都有这些阅读发现，集体读一读可以让全体学生对这些观点加深认识。可见，丁老师的心中是时刻装着每一个学生的，他的课堂教学面向全体，做到了"一个也不能少"。

第二个教学环节"我们不懂的"，是本节课的重点。这些有待解决的问题来源于学生，基于学生对《白杨礼赞》文本的自主阅读。应该说，这才是真正的问题，丁老师没有把个人的见解过早过多地介入学生的阅读体验中。

当然，课堂时间有限，不可能把学生提出的所有问题都安排在课堂上讨论。我相信，丁老师的学生应该不仅仅只有三人提出了这四个问题。四个问题作为课堂探讨的内容呈现，教师必然是进行了精心的选择。仔细琢磨，我们会发现这四个问题具有普适性，可能是许多学生的困惑，而且这四个问题还和散文的阅读密切相关。

问题1"第二段用那么大的篇幅写高原景象，是否有些冗长"，指向了散文的写法。问题2"《白杨礼赞》中有'我'吗"，指向的是散文抒情与主题表现的问题。问题3"为什么茅盾要将白杨树象征的东西明明白白写出来，而不是让读者自己去体悟"，探讨的是散文写作方法、表现手法和写作目的、表达意图的关系问题。问题4"作者为什么在课文后面一直重复白杨树的优点？不断重复，会不会让人觉得很烦琐"，涉及的是散文言语表达和抒情线索的问题。可以说，这些问题虽然全部来自于学生，但是在丁老师的重新聚合下，变成了课堂要解决的核心问题。丁老师整合、提炼课堂研讨问题的能力，不得不令人佩服！

二、基于问题解决的课堂教学——"问题"怎么解决？

丁老师的课堂，解决问题的过程充满了智慧。例如，在解决第四个问题时，这个过程抽丝剥茧，层层深入，叫人佩服。这个问题表面看不难，但是难在让学生真正理解这种反复出现形成的"一咏三叹"的抒情方法和抒情效果，难在让学生心悦诚服地接受这个反复出现是必要的。在解决这个问题的过程中，丁老师先让学生说出认为重复的地方，然后朗读这些句子，接着启发学生勾连自己的生活经验和阅读经验，学生自然地想到了歌词与《诗经》。接着丁老师用了一个非常巧妙的方式让学生深入体悟"一咏三叹"的作用。第七段有四个反问句，他要求学生："我来读问句，你们用'不只是……还（而）是……'的句式来回答我。"结果，在这一问一答的过程中，学生在言语实践中水到渠成地理解了课文语言"层层递进，加强语气"的表达效果。

在解决问题的过程中，丁老师没有告诉学生答案是"什么"，而是和学生一起探讨。他在不动声色之间，引领学生把文章的谋篇布局、感情线索、主题思想、言语形式都读懂了。这样的课堂形式简约，问题设计简化，润物无声。

最后，丁老师还把学生没有涉及，但是也颇具探究价值的散文"写实、写虚"的问题抛了出来，留到课后让学生研读，并鼓励学生把探究结果写出来。我想：那一本本随想本里有多少智慧的光芒在闪耀啊！

很多时候，老师们习惯了预设课堂，把自己想当然的问题，当作学生的难题。丁老师这节课给我的启发是：课堂是用来解决问题的，课堂的起点应该是学生未懂的或困惑的问题，解决问题的立足点是文本，解决问题的主力军是学生。

思考过程比找到正确答案更重要

——《生于忧患　死于安乐》教学笔记

| 教学背景 |

2018年11月27日，广东实验中学初二（12）班。这是一节家常课，教学时长一课时。

| 问题呈现 |

在备《生于忧患　死于安乐》一课时，遇到了问题，"征于色，发于声，而后喻"该怎样理解？教材的注释是"表现在脸色

上，流露在言谈中，才能被人们了解"。课后练习题四，要求翻译这个句子，《教师教学用书》提供的答案是："（一个人的想法）从脸色上显露出来，流露在言谈中，然后才能为人们所了解。"

教材和教学用书的注释、翻译放在文中能说得通吗？这样解释，和人的成才有什么关系？文章的中心论点"生于忧患，死于安乐"有什么关系？

我决定把这个问题作为本课教学的难点，抛出去给学生探究。

| 课堂推进 |

💬 一、读一读

学生自由读，争取用最短时间把课文背出来，然后和同学们分享自己的记忆窍门。

💬 二、译一译

熟读成诵后，结合课下注释翻译课文。疑难之处，可请教老师。

💬 三、说一说

说说文中的三个"人"。

1. 下面两句中的"人"分别指什么人？

   故天将降大任于是人也。

   人恒过，然后能改。

2. 括号里省略了什么？这句又是说什么人？

   （　　）入则无法家拂士……

设置这个环节，主要是让学生明白文章涉及三类人——历史上的圣君贤相、普通人、当下的国君，作者写作目的是从人经历磨难方能成才这个角度，警示国君要懂得"生于忧患，死于安乐"的道理。

💬 四、思一思

"征于色，发于声，而后喻"怎么解？教材的注释、翻译放在文中能说得通吗？和人的成才有什么关系？和文章的中心论点"生于忧患，死于安乐"有什么关系？

因时间关系，这个环节没有在课堂上讨论，留作笔谈作业，让学生课后完成。

为了帮助孩子理解，我提供了学习支架：《正解"征于色发于声而后喻"》（作者皮坤龙，下载自百度文库）。

| 分享交流 |

第二天，学生把笔谈作业交上来，我批阅后，发现全班基本分成两派，一派是挺"正解"派，一派是挺教材派。我选择了以下几位同学的作业在班上进行了交流。

💬 **挺"正解"派（这一派观点大同小异，故只选一份作业）：**

林绮涵：我认为这句话应该翻译成："（一个人的言行过失）显露在（别人）的脸色上，表现在（别人）的言语中，然后才能警醒通晓自己的过失。"

本文的主旨是"生于忧患，死于安乐"，行文思路大体是由个人成长的客观条件、主观因素推广至国家存亡的内因、外因。"人恒过，然后能改；困于心，衡于虑，而后作；征于色，发于声，而后喻"这句话是从人的主观因素来论证"生于忧患"，写的是一个人经历的内心困扰和挫折。若按照语文书上的译法"（一个人的想法）表现在脸色上，流露在言谈中，才能被人们了解"，这和"生于忧患，死于安乐"有什么关联呢？将自己的想法表露出来，使他人理解自己的想法并非什么困难的事,怎么能算是一种"忧患"呢?

按照我的译法,与前文联系更加紧密。犯了错误后既有自己改正的一面,也有他人指正的一面。况且,别人在一言一行中表露出对你的不满,这也算是一种煎熬,与"困于心,衡于虑"一样,是"忧患"给你提供了一次成长的机会。

教师点评:能从主观、客观条件来分析个人成长,思路清晰。

😀 挺教材派(这一派观点纷呈,故多选几份作业):

陈玥霖:我认为教材的解释没有问题。上文提到"人恒过,然后能改",是说人常常犯错误,这样以后才能改正,所以下面几句话就应该说明与改正错误有关的内容。"困于心,衡于虑,而后作"写的是内心发生的变化,下一句如果要承接上文,就应该写表面的变化。"征于色",一个人的内心想法在脸色上表现出来。一个犯了错的人,他的表情会展露他的内心。这巧妙的转折,由心理转到了表情。"发于声",流露在言谈中。这两个短句是程度上的递进关系。如果只是在脸色、表情上的变化,那可能只是犯了小错误,这些只能被细心的人观察出来。但在言谈中表露,就说明错误程度加深了,更多人会发现他的错误。于是,人们从他的各个方面了解他的错误后告诉他,他才改正。所以,这句话在上下文中的逻辑关系是没有问题的。

教师点评：逻辑清晰，自圆其说！

赵韫为：我认为教材的翻译没有问题。需要通过脸色和言谈使他人了解的东西，不仅仅是日常的情感，还可以是更高深的思想。比如，一个人懂得了"生于忧患，死于安乐"的道理，而不想办法让他人也懂得这个道理，这就只是停留在个人层面的境界；如果他把道理分享出去，让人人都明白，整个国家就会受益，这就是大境界。

再联系上下文。上文提到"困于心，衡于虑，而后作"，人犯错后，经历思想斗争之后，才能有所作为。而"征于色，发于声，而后喻"就是有所作为的具体行动，把自己的思考传递出去。下文提到"入则无法家拂士，出则无敌国外患者，国恒亡"，国家也是生于忧患，死于安乐的，所以，只有人人懂得这个道理，才能达到国家生于忧患的大同境界。

教师点评：有自己的思考，有独到的见解！

陈倚淇：我认为教材的解释可以说得通。舜、傅说、胶鬲、管夷吾、孙叔敖、百里奚这六人之所以被重用，除了有艰苦环境这个客观原因外，还有他们善于表达自己的主观原因。而这一段，都是在讲人们怎么样才能有所成就的。还有这三句话都是用同一主语，这样读起来句式也整齐。

教师点评：关注到了主观和客观两个因素，还关注到了主语问题和句式整齐的问题。

武家熙："人恒过，然后能改；困于心，衡于虑，而后作；征于色，发于声，而后喻"，前两个分句显然是以"人"为主语，若第三个分句换成别人，则有违孟子一贯的一气呵成、连贯自如的语言风格，有违孟子文章"雄辩"的气势。所以，我认为"征于色，发于声，而后喻"是指程度深到溢于言表，才能承接上下文。

教师点评：很难得，能结合孟子文章的语言气势非凡和雄辩的特点来理解言语内容。

郭瑶：根据上下文，这三个分句仅出现了一个主语"人"，从句子结构看，这几种行为属于并列关系，处于同一层面，只是属于不同条件下产生的行为。

教师点评：关注到了语言形式，看到了三个分句的并列关系，为进一步理解言语内容打开了一个口子。

| 问题解决 |

根据同学们的思考，特别是从三个分句的主语、分句之间的关

系来思考这句话的内容,最后全班基本达成一致意见:

"人恒过,然后能改;困于心,衡于虑,而后作;征于色,发于声,而后喻"这句话分别从犯错、忧困、不被理解三个主观因素上分析了人经受磨炼的好处。

| 教学感言 |

一、教师应该重视文本的裸读,读出自己的理解,读出自己的困惑。教师在备课时遇到的困惑点,不要轻易放过,教师的困惑处往往是学生的困惑处,文本的疑惑处、模糊处往往是阅读教学最有价值的内容。

二、教师要做学生追求真知的表率,做到不唯书,不唯师,敢就教材的疑惑处、模糊处,提出自己的看法,做出自己的分析和判断。我们更加不能做分数的奴隶,不能说因为考试答案以书本和教参为主,就不敢让学生去质疑,去思考。

三、发现问题比解决问题更重要,思考问题的过程比找到正确答案更重要。就算我们最终没能解决问题,但思考的过程却是无与伦比地美丽,何况我们的思考还能给别人以启发。

悟空的人生抉择
——《西游记》阅读交流课教学实录

| 教学背景 |

2017年12月23日,广东实验中学初一(12)班。这是在学校举行的教学开放日活动中执教的一节公开课。

💬 **一、回顾:阅读新发现**

师:一个多月来,我和大家共读《西游记》,每天约定读两到三回,并利用课前五分钟进行了交流。经典是常读常新的,今天上课的第一个任务就是来分享我们阅读的新发现,分享前我有一个建议：借用"我原以为_____，读了之后才发现_____"这个句式说话，当然如果不喜欢这个句式，也可以不用，我们的交流是自由的。下面我们采用"开火车"的形式一个个来说，好不好？哪位同学愿意做"火车头"？

生1：我原以为情节会很枯燥，读了之后才发现这是一个很有趣的故事。书里面的孙悟空和猪八戒都是非常可爱的人物。

师：从枯燥到有趣，很好的阅读初感。我们的发现，可以是情节、主题等宏观的，也可以是书中容易被忽略的一些细节。好，接着到你了。

生2：我原以为《西游记》里面的妖怪都是邪恶的，读了之后才发现原来每个妖怪都有各自的性格，有些妖怪还挺可爱的。

师：你读出了妖怪的可爱，能不能举个简单的例子呢？

生2：比如说红孩儿，书中对他的心理描写，让我想起自己的一些体验，觉得红孩儿非常有趣。

师：有道理，文学作品中的细节总能让读者勾连到自己的生活体验，这一点非常好！

生3：我原以为唐僧是一个圣人，但读完之后觉得唐僧很懦弱，有时候还会冤枉人。

师：唐僧的确有懦弱的一面，白龙马被吃了，一开始唐僧在那里哭，哭得泪流满面，还哭了老半天，当然这也可以说是唐僧可爱的一面。好，到你了！

生4：我原以为孙悟空是一个调皮而且无法无天的人，读了之后我才发现他其实是一个重情重义的人，在三打白骨精的时候，师父赶他走，但因为他记住了对菩萨的承诺，几次都没有走。

师：这位同学发现了孙悟空的形象一直都是在变化的，从开始的顽劣到最后变成一个人格相对完善的人，变成了我们心目中的英雄。好的文学形象是立体的、变化的。

……

二、交流：悟空的抉择

师：上周每位同学都贡献了一个自己觉得最有讨论价值的话题（展示PPT），大家提供的话题很丰富，并且很多话题都是非常有意义的。但因为时间关系，这节课我们没办法交流所有的话题，根据课前的投票，我选了一个人气最高的话题，就是武家熙同学提出的问题：在小说第九十九回，悟空即将成佛时，如果让他在成佛和回花果山之间选择，他会做出怎样的决定呢？我们先请问题的提出者武家熙同学分享一下他的看法。

武家熙：大家好，我的观点是孙悟空会选择回花果山。因为花果山对他而言不仅是一种归宿，还是一种牵挂，而且是一种责任。对孙悟空来说，花果山永远是他的家。下面，我从四个方面来具体分析：

第一，孙悟空对成佛并不是很看重。《西游记》注释中说，他的第一个师父菩提祖师是一个亦佛亦道的人物，因此对于孙悟空来说佛教并不是至高无上的。书中有多处悟空嘲讽佛教的情节，比如收黑风怪的时候，观音菩萨变成黑风怪的朋友，孙悟空嘲笑他："妙啊，妙啊！还是妖精菩萨，还是菩萨妖精？"再比如在西天佛祖处，如来的两个徒弟一定要唐僧的贿赂才传给真经，孙悟空非常不满。这些情节充分说明了孙悟空并不觉得留在西天成佛是一件极高尚、极幸运的事情。况且，一个人是否成佛，关键看他的心境，而不是看他是否在西天。

第二，孙悟空是一个关心民间疾苦的人，比起在西天乐土，他更愿意待在人间。比如，在车迟国孙悟空不仅消灭了妖怪，还帮助人民求了雨；在天竺国打了妖怪后，孙悟空主动提出暗灭蜈蚣精，帮助人们脱险。所以说孙悟空的佛心更在人世间。

第三，孙悟空的天性是不愿意被拘束的。这种性格是与生俱来的，与佛家格格不入，又很难改变。和忍受佛家的清规戒律相比，无拘无束的生活更适合孙悟空。

第四，原文中有一句话暗示了他是要回花果山的。在第三十一回中，他对花果山的猴子们说："你们却都要仔细看守家业……待我还去保唐僧，取经回东土。功成之后，仍回来与你们共乐天真。"

但是本书作者为什么没有写孙悟空回到花果山呢？这也许就是人在江湖，身不由己吧。悟空内心会选择回花果山，但能否实现则不一定。就像现实中很多人都会有孙悟空那样的初心，可并不是每个人都能够回到他的花果山的。

师：武家熙同学从四个方面论证了自己的观点，他认为孙悟空的内心更愿意选择回花果山。小说中他没回的原因，可能是人在江湖，身不由己。你们同意他的观点吗？同意的，可以继续补充论据，进一步证明观点。不同意的，可以进行反驳，并提出自己的观点。我们先听听另一种声音，然后大家再对这两种观点进行补充和反驳。请反方代表柳奕帆同学上台发言。

柳奕帆：我的观点是孙悟空不会回花果山。有以下几个原因：

第一，前功尽弃。他到达灵山时，八十一难已经历经了八十难，在功德即将圆满之时，他为什么不去完成这个过程而选择放弃之前所有的努力和信念呢？

第二，修行有果。书中孙悟空被救出五行山时，他承诺师父，要听从菩萨的教导，皈依佛法，保护唐僧前往西天取得真经。后来,他在历经磨难的过程中抹去了野性,比如西天取经一开始,见到妖怪就打,不管三七二十一,就把妖怪给打死了,后来理智取代了冲动,车迟国斗法先用巧计使妖怪变形,而不是一味地使用蛮力去消灭妖怪,这说明他的野性已经逐渐被抹去。我觉得他的修行是有成果的。

第三,师徒情深。取经之行刚开始的时候,来了六个盗匪,孙悟空不管三七二十一把他们打死了,唐僧开始絮絮叨叨教育他,这猴子受不得别人说教,一气之下马上就走了。因为一时的愤怒就直接离开,说明当时他跟唐僧是没有什么情分可言的。然而后来三打白骨精的时候,唐僧多次赶他走,但是他却不忍离去,说明师徒二人已经有了比较深刻的情感。为了情分,悟空绝不会抛下师父回花果山。综上所述,我认为悟空定然是不会回花果山的。

师:这是柳奕帆同学的观点和分析,你不管站在哪一方,都可以反驳他们的观点并说说你的理由。现在是自由发言的时间,请同学们发表自己的看法。

生:第三十一回那个时候孙悟空的想法不代表第九十九回孙悟空本人的想法,因为第九十九回时的孙悟空未必就是原来的孙悟空了,所以我不同意武家熙的看法。

师:刚才武家熙同学用第三十一回中孙悟空的想法作为论据,

但你认为第三十一回中孙悟空的想法不代表第九十九回里孙悟空的想法，因为第九十九回时的孙悟空未必就是原来的孙悟空了。论据有瑕疵，观点自然可以商榷，有道理。

生：我觉得就算孙悟空真的想回花果山，菩萨和佛祖也肯定是不同意的，因为孙悟空已经皈依佛门了，不能出尔反尔。

师：有不同意见吗？

生：我要补充的一点是，西游记里提到的师徒们花了5040天的时间完成取经之路，大概就是13年的时间，孙悟空之前还被压在五行山下五百年。五百多年后，花果山的猴子猴孙们早已不是旧相识了，恐怕没人还认识孙悟空了，他还回去干吗呢？

师：也就是说，早已物是人非了，原来跟他有交情的猴子已经不存在这个世上了，花果山已经变成陌生的世界了。我觉得这个观点很有意思，虽说地方还在，但是过去的一切都不会回来了。我觉得探讨悟空的人生抉择问题，最好从他的成长历程中去寻找答案。下面，我们一起来回顾孙悟空的成长历程。请大家读屏幕上的这段话。

屏显：

（东胜神洲）海外有一国土，名曰傲来国。国近大海，

> 海中有一名山，唤为花果山……那座山正当顶上，有一块仙石……每受天真地秀，日精月华，感之既久，遂有灵通之意。内育仙胞，一日迸裂，产一石卵，似圆球样大。因见风，化作一个石猴。五官俱备，四肢皆全。
>
> ——第一回《灵根育孕源流出　心性修持大道生》

师：孙悟空是怎么出生的？

生：山上有一个仙石，吸收日月精华，内育仙胞。石头崩裂，产一石卵，见风之后，化作一石猴。

师：也就是说，孙悟空其实是谁所生？

生：天地所生。

师：他是自然之子，这个自然之子的生活又是怎样的呢？咱们一起读读以下文字：

> 那猴在山中，却会行走跳跃，食草木，饮涧泉，采山花，觅树果；与狼虫为伴，虎豹为群，獐鹿为友，猕猿为亲；夜宿石崖之下，朝游峰洞之中。真是"山中无甲子，寒尽不知年"。
>
> ——第一回《灵根育孕源流出　心性修持大道生》

师：这时的孙悟空生活得怎样？

生：自由自在、天真烂漫。

师：按照我们人的成长时期应该是童年。后来，孙悟空在花果山发现了水帘洞，他开始有家了，和亲人朋友住在一起。当这种亲情需要得到满足以后，他产生了什么需求？

生：长生不老。

师：长生不老，其实就是孙悟空在安全感上的需求，他希望他和他的伙伴们能够平平安安在花果山过这种自由快活的生活。因为这个需求，他决定出去拜师学艺。在拜师学艺的过程中得到了七十二般变化的本领，学成出山之后，他干了几件大事。同学们说说是哪几件大事？

生：一是大闹龙宫，到龙宫去寻宝；接着去冥府除名；后来闹大了，就有了大闹天宫的故事。

师：我们来看看大闹天宫时孙悟空的表现。他第一次到天庭之后被授予弼马温的官职，当知道弼马温这个官是最低最小的时候，他就心头火起了。从这里可以看出孙悟空的什么特点？

生：我觉得他的内心是比较高傲的，他觉得自己那么厉害、那么了不起，玉皇大帝怎么让他当这么一个小官？而且书里还说养马者乃后生小辈，孙悟空觉得这简直是对自己的侮辱。

师：有道理，孙悟空的确是一个心高气傲的人。后来王母娘娘设蟠桃宴没有邀请他，孙悟空一气之下搞乱了宴席，偷了御酒，还吃了太上老君的仙丹，然后回花果山去了。由此可以看出孙悟空怎样的性格？

生：他非常冲动莽撞，做事不考虑后果。

师：这个时候的孙悟空很像现在的叛逆少年，基本上是想干什么就干什么。我们设想一下，如果孙悟空一直这样发展下去可能会成为一个什么样的人？

生：不受管束、无法无天的人。

师：我们看一下书中孙悟空是怎么讲这个时期的自己的，我们来读一下：

行者笑道："师父，你那里认得！老孙在水帘洞里做妖魔时，若想人肉吃，便是这等：或变金银，或变庄台，或变醉人，或变女色。有那等痴心的，爱上我，我就迷他到洞里，尽意随心，或蒸或煮受用；吃不了，还要晒干了防天阴哩！师父，我若来迟，你定入他套子，遭他毒手！"

——第二十七回《尸魔三戏唐三藏　圣僧恨逐美猴王》

师：这是三打白骨精时悟空对师父讲的一番话，原来孙悟空以前也干过杀人越货的事情，所以我们设想一下，如果孙悟空按照叛逆的路子走下去的话，他会成为什么？

生：一个十恶不赦的妖魔。

师：所以在他成长的关键时刻，如来佛祖把他压在五行山下，一压五百年，这五百年他是怎么过的？他吃什么喝什么？他在干什么？

生：书中说他饥餐铁丸，渴饮铜汁。五百年中他不能活动，被压在山下。

师：被压在山下五百年，不能活动，他一边忍受肉体的痛苦，一边抵抗着精神上的寂寞。身体不能动的，但是什么能动？

生：脑子能动。

师：他在思考，在长时间的寂寞孤独中进行自我反思，反思之前自己的行为。给他五百年充足的时间反思以后，观音菩萨来了，给他指点迷津，让他陪唐僧去西天取经。在取经路上，观音菩萨先给他戴了一个金箍，唐僧一念紧箍咒，孙悟空就头痛难忍。同学们觉得紧箍咒代表着什么？

生：约束，管教孙悟空的法宝。

师：约束，这个词很准确。这个紧箍咒的确象征着强制性教育对他的约束，就像小时候我们做错事时，爱我们的爸爸妈妈肯定会适当惩戒一下，这就是教育。经过这样的教育之后，孙悟空进入了成年阶段，在取经路上，孙悟空表现出的是足智多谋、敢作敢当的一个英雄形象，这是一个英雄的成长。我们一起回顾了悟空的成长过程，现在总结一下，在这磨砺的过程中，孙悟空收获了什么？

生：他收获了成功的体验，在每一次降妖的过程中他都有成就感。

师：取经路上九九八十一难让孙悟空在现实中经受磨砺，他的体验在一次次降妖捉怪成功后升华，到封佛时达到巅峰。他还有什么收获？

生：他还收获了人们的赞扬。一开始他做事不分青红皂白，不计后果，喜欢打打杀杀，但取经途中多次向深陷困境的国王、僧侣、小孩及其他有需要的人伸出援手，在做好事的过程中受到人们的认同和赞赏。

师：收获了成功的体验和人们的赞扬，这意味着孙悟空的生命价值得到了实现。我们每个人都是需要实现自我生命价值的。孙悟空开始追求生命价值了，说明他真正成长了。孙悟空的成长告诉我们，人性是需要改善的，英雄也是需要磨炼的。我们再来回顾一下

书中第九十八回的一个片段:

  第九十八回《猿熟马训方脱壳　功成行满见真如》写师徒一行登灵山是需要过一独木桥渡过"凌云渡",从此桥上走过方可成佛。但此独木桥又细又滑,只有孙悟空过得去,此时来了一只无底船,接引佛祖亲自撑船,一行人战战兢兢上了船,佛祖用力一撑,只见上游流下一个死尸,大家互相说"是你,是你",撑船的说:"那是你!可贺,可贺!"

你看,师徒四人均已脱胎换骨,终成正果。这个时候的孙悟空还是当年在花果山上做山大王的孙悟空吗?肯定不是了。至于他是否会回花果山的问题,我们没法给出一个绝对的结论。但通过对这个问题的讨论,我们从孙悟空的身上读出了生命成长的艰难和复杂,从孙悟空身上看到自己成长的影子,并深受感动。在成长的道路上,我们永远面临着自己内心的挑战,一方面希望保持自己鲜活的个性,另一方面又必须在社会规则允许的范围内做事。

  圣人孔夫子说:"七十而从心所欲,不逾矩。"这是我们每个人努力的方向,如何在现实规则的制约下寻求和发展自己,是我们每个人一生的追求。

💬 三、作业：讨论话题预告

屏显：

　　胡适先生说："几百年来，读《西游记》的人都不太聪明了，都不肯领略那极浅极明白的滑稽意味和玩世精神……"

　　鲁迅先生在《中国小说史略》中说："此书则实出于游戏。"

　　你同意他们的观点吗？

　　为何人人都喜欢看《西游记》？

　　请同学们利用课余时间进行讨论，准备好读书交流会的发言。

从"有趣"到"有意味"

——《"一个有意思的人"审题运思指导》教学实录

| 教学背景 |

2019年11月14日应邀参加广州二中教育集团初中语文学科研讨活动,执教《"一个有意思的人"写作指导》,并作题为《基于项目驱动的专题写作教学》的专题发言。班级:广州二中苏元学校初一(6)班。

| 教学过程 |

一、导入

师:同学们刚刚结束期中考试,对自己的作文成绩还满意吗?

生：不满意。

师：都是什么原因导致失分的？

生：作文不是分为起因、经过和结果吗，我的经过部分应该详写却没有详写。

师：详略不当，是吧？最能表现中心的内容没有详写，这是一个详略安排的问题。当然导致作文失分的问题还有很多，今天，丁老师就来给大家上一堂作文指导课，是关于考场写作的。我想问问大家，考场作文主要考查学生三个方面的能力，你们知道是哪三种能力吗？

生：我觉得是表达。

师：很好，考场作文首先考查表达能力。还有哪两种能力？你来。

生：我觉得应该是即兴写作的能力，因为你不知道命题老师要让你写什么。

师：即兴写作能力是不是？也有道理。考场作文考查的三种能力，除了同学们刚刚说的表达能力，还有一个能力是不能出问题的，那就是理解能力。对什么的理解？

生：题目。

师：对，对题目的理解。除了理解能力、表达能力，还有就是思维能力，就是看你的思维有没有广度和深度；尤其是跟同龄人相比，你能不能看到别人之未见，想到别人之未想。其实考场作文说难也不难，首先要遵从命题，不管你的写作水平有多高，你如果不遵从命题，是有可能拿到零分的，这很关键。只要遵从命题和自己的内心，我们先想透了，想准了，想好了，再动笔写，通常没有问题的。今天呢，我就带了一个题目，我们一起来做一下这个题目的审题、运思训练。

（师板书题目：《一个有意思的人》）

二、读题

师：大家先读一读题——理解能力，很多时候就是指读题的能力。从"一个有意思的人"这个题目中，你会得到什么信息？

生：写人。

师：非常好，第一个信息，写人的。第二个呢？

生：一个。

师：一个，只能写一个，这是数量上的要求。还有什么信息？

生：有意思。

师：这个人的特点是"有意思"，非常好，我们读题就要这样读。老师总结一下，这是一篇写人的文章，只能写一个人，文章重点要表现这个人"有意思"的特点。那什么叫"有意思"呀？

生：有趣。

师：第一个同学说有趣。（板书：有趣）有趣的意思也就是说"好玩""幽默"等等。还有没有其他解释？

生：与众不同。

师：有特点，与众不同，我给他加一个"有情趣"，好不好，（板书：有情趣）还有吗？

生：比较有个性。

师：有个性，刚才说了"有特点"，重复了。还有没有其他理解？

生：为人处事让人感觉到很温暖、很开心。

师：和人相处会给别人带来开心、温暖的感觉，这是不是"有意思"？还有没有其他理解？

生：我觉得还有一个，就是对生活有独特见解的人。

师：确实，一个有独特见解的人会特别有味道，特别有意味。（板书：有意味）有内涵的人是耐人寻味的，这样的人自然是一个很有意思的人。我们现在把题目完全弄懂了，要写一个人，并且这个人要有意思，这个"有意思"起码有三层内涵，从有趣好玩，到有情趣，再到有意味，那是不是我们就可以开始写作文了？还不行。

三、运思

师：理解好题目，我们就要开始文章写作的运思，今天老师教你们一个常用的运思方法，叫作"问题法运思"，即围绕我们刚才对题目的理解提问题，大家想想可以提出什么问题？

生：这个人是谁？

师：谁有意思，非常好。（板书：谁有意思）现在就要开始想了啊，你们会写谁呢？把他的名字写在你们的本子上。除了这个问题，你们还会问什么问题？

生：他为什么有意思？

师：这个人为什么有意思？（板书：为什么有意思）继续，还会问什么问题？

生：哪件事情能体现他有意思？

师：也就是有哪些材料可以支撑，对不对？（板书：有什么材料可以支撑）继续想，还有什么问题可以问？

（生沉默）

师：现在已经确定了要写谁了，而且也有材料可以支撑了，还可以想什么？

生：怎么体现他有意思。

师：就是怎么去写，怎么去表达。（板书：怎么体现有意思），你们还可以提出什么问题？

生：为什么要写他，我为什么要写这篇文章？

师：太棒了！我为什么要写这个人，为什么要写这些文字，这个问题一定要思考，不思考你的文章永远都是没有意义的。（板书：为什么要写）

师：当你决定要写一个人的时候，你为什么要写？

生：表达自己的某种情感。

师：的确，因为被触动，我写是因为有情感要抒发。换句话说，我为什么要写他，是因为我觉得这个人对我来说是有意义的。（板书：有意义）我们现在对于这个题目的理解，是不是跟刚开始已经完全不一样了？从"有趣"，到"有情趣"，再到"有意味"，再到"有意义"，如果我们能够在有趣的基础上，写出"有情趣"，写出"味道"，写出"意义"，你的文章和同龄人相比，一定是独树一帜的。

😊 四、表现

师：大家可以在本子上梳理一下，谁有意思，用一两句话概括一下他为什么有意思，然后问自己，有什么材料可以支撑呢？这个材料可以是什么？可以是一件事，也可以是什么……

（生沉默）

师：难道只有事例才能表现一个人有意思吗？一个人的言行举止，可不可以？甚至一个人的长相，可不可以？所以我们可以通过事例，也可以通过对这个人的外貌、言行举止的描写，来表现有意思。那我们怎么表现有意思呢？我先给大家看我的学生写的一些作文片段，你们看他们写得有没有意思？

PPT 展示作品1（片段）：

谈到有意思的人，我见过许许多多、各式各样的，他们的有趣各有不同：有的幽默乐观，有的外冷内热……不过，这其中令我印象颇深的是我的小学同学×××。

师：你们觉得这个开头有意思吗？

生：还好。

师：这个是集小学生万千宠爱于一身的开头，但大家学了这么多篇课文，有没有见过哪篇课文是这样开头的？

生：没有。

师：这样的开头，的确没意思，太常见了啊！如果文章一开头就没意思，很难吸引别人看下去。

PPT 展示作品 2（内容概述）：

　　作者的电话手表不见了，打电话和发短信都没有人回，但通过手机定位发现电话手表一直在移动，证明被人捡了。晚上，电话终于被接通了，原来是被一个送快餐的人捡到了，和他约好第二天经过东山百货大楼时归还。作者写道："我在长长吁气中，感激这个人。我想找个词形容一下他。善良的人？好心人？耐心的人？答案被我一一否定，最后只能选个'有意思的人'。"

（生笑，七嘴八舌讨论）

师（指一个学生）：来，你来说说？

生：送快餐的帮他送回手表这件事体现不出"有意思"，这个事例体现不出这个性格。

师：对，这个材料支撑不起这个主题，就像他自己说的，这个人可能是个"善良的人""好心的人"。有些人写作文的时候写着写着，发现自己跑题了，怎么办呢？强行给它加一个点题句，呼应一下开头，语文老师叫这种写法为"穿衣戴帽"，这样的文章在考场上，也是很低分的。记住，选择事例要切合题意。

PPT 展示作品 3（内容概述）：

  大千世界，有这么多有趣的人；芸芸众生中，有趣的人自然不缺乏。文章的主体是写了他们隔壁班一个喜欢用女生语气说话的男生，经常把同学逗得哈哈大笑。然后他说，生活总是充满了趣味的彩色气泡，你快不快乐就是取决于你能否感受到这些轻小的气泡，但是，最惹人喜爱的永远都不是气泡，而是吹气泡的人——某某某。

师：这个结尾怎样？

生：我感觉他的语言很优美，虽然作者最后没有提到"有意思"，但我就是感觉有意思。

师：其他同学的看法呢？

生：我觉得吧，这个事例看起来是有意思，一个男生用女生的口气说话，逗得大家哈哈大笑，这充其量只能占第一个"有趣"，好玩幽默，没有其他任何的意味。我觉得这个人只是比较滑稽吧，只是"有意思"的浅层义"有趣"。

师：非常棒的看法！这篇文章只做到有趣，但无味。

（生举手）

师：好，请这位清秀的男生谈谈自己的看法。

生：我觉得这个主题不够深刻，感觉没有太多的内涵。

师：所以我们在写这篇作文的时候呢，不能仅仅停留在有趣、好玩这种层面上。写作者必须思考一个问题：我为什么要写？刚才老师给你们提供了一些不太成功的例子，那我们应该怎么样去表现，才能真正地表现出"有意思"呢？

生：我觉得一是要写出自己的真情实感，二是一定要突出主题，然后在这两个前提下，写出"有意思"的深层意义。

师：我们都知道啊，但怎样才能做到？怎么写才能写出"有意思"的特点？

生：我觉得吧，开头和结尾一定要新颖，中间的部分要有内涵，有意思。可以通过对他人的描写，或对自己的心理的描写，突出他给你带来的影响、触动。

师：这样写，是不是就真的有意思了呢？再想一想。

生：我觉得可以写一些事，体现出这个人不仅仅有趣，还有情趣，有意味，有意义。我举个例子，这个人讲话、为人处世都很有趣，而且他很善于用他自己天生带的那种幽默感，去使别人感到温暖和开心。这种人自然是很有趣了，他有情趣，也有意味，而且我相信，这样的人在我们的生活中，也不乏一定的地位，也是有意义的。总之不要去一味地追求肤浅的有趣。

师：其实他想告诉大家，在选择素材的时候，就要兼顾从有趣到有意味，再到有意义。（板书：有意思的事例）除了这一点，我们再想一想，要怎样的表达，才能和题目契合？

生：生动活泼、生动有趣的。

师：对，幽默、有趣是不是？也就是说，我们写这篇文章啊，我们的表达要跟写其他文章不一样，我们的表达也是有意思的。（板书：有意思的表达）怎样的表达才会是有意思的呢？

生：优雅。

师：优雅的语言就一定有意思吗？

生：运用修辞。

师：哪种修辞看起来会比较有意思？

生：比喻。

师：什么样的比喻？是我们经常看到的比喻吗？

生：不是，是新奇的比喻。

师：如果我们在表达时能够用到一些很新奇的比喻，就会让文章读起来有意思。除了有意思的表达外，最好还能有一个有意思的开头（板书：有意思的开头），还有一个有意味的结尾（板书：有意味的结尾）。

💬 五、实践

师：给大家5分钟的时间，写一个有意思的开头，或者写一两句有意思的表达。开始写吧！

（生写作，师来回巡查）

师：时间到了，看到同学们还在很努力地写，看来知与行还是挺艰难的。有没有同学想和大家分享一下？这位很睿智的男生，第一个举手了，那我们还是先把机会给他。

生：大千世界，有意思的人千千万万，我认为仅仅有趣是不能和有意思画等号的，真正有意思的人，他的灵魂是有深度的。"好看的皮囊千篇一律，有趣的灵魂万里挑一"，比如我的同学某某某就是这样的人。

师：这个开头先对题目进行解读，然后引用了一句网红名言，这算是一个有意思的开头。还有没有同学愿意跟大家分享？

（学生沉默稍久）

师（指向第一排一个学生）：来，你跟大家分享一下。

生：生活如同一幅多彩的油画，绚丽的色彩需要颜料的装点，一个有意思的人为生活缀上一道彩虹。

师：你是想通过一个比喻引出这个有意思的人，但是我觉得还不是特别有意思，再想想。还有哪位同学愿意给大家展示的？

（一男生举手）

生："快跑，毒气！"听到这个声音，大家便四散而逃，即使只能在椅子上移动，也要避免被毒气攻击，没错——哔，又放屁了！

师：他的开头是一个场景的再现，场景中有声音，这样的开头是奔着文章题目来的，并且比较好玩，比较有意思。那我们来看一看丁老师的学生写的，好不好？

💬 六、示范

PPT 展示作品片段：

一转过头，便能看见一副大大的黑白眼镜框在冲我咧着嘴笑，笑得反让我不知所措了一下——这个女孩，真是有意思！

——王至洁

他爱出风头，常常出过了头。这些过了头的事儿就成了人们茶余饭后闲谈的绝妙素材。正因为此，他名扬全级，人送外号：蒋爷。

——霍嘉琪

将人生比作五味瓶，我想，是不大恰当的。至少，太过泛泛。好像甜的相思、苦的别离,并非甜、苦二字所能诉得清的。我总觉得有一种感觉是特殊的,那便是所谓"有意思"。一个有意思的人,往往是令人难忘的。这样的人,我就认识一个——他叫刘家毓。

——李临风

师:我们再来看一些新奇的表达。

PPT 展示作品片段:

那一架,真的是惊天地,泣鬼神,不到30秒小胖就完败了。他受了一点皮外伤,可是面部肌肉就这么拉起他的赘肉,向脸中间鼻子的地方紧缩,整张脸宛如一个布满褶皱的灌汤包,叫人看了之后,非但不同情他,反倒还止不住想笑。

——柳奕帆

他是我住在乡下时的邻居,一个退休的老厨师。他长得消瘦,光秃秃的头上零星地长着几根花白的头发。他平日里总喜欢穿一件白色长袍,远远望去,就像竹竿上挑着一块豆皮儿。

——李睿婷

师：这些新奇的比喻多好玩啊！再看看一些幽默的表达，适当的夸张。

PPT 展示作品片段：

只要是他的课，我们肯定不会轻举妄动——一方面是不敢，另一方面是不能不听，他的课太有趣了！如果你分神，他会慢慢用幽默让你认为，除了听课，其他的事都是乏味的。遂弃暗投明，又加入听课的大军。

——田承澍

她一碗面吃得精神抖擞，虎虎生威，面条在空中潇洒地扭着腰舞了一圈，滴滴汁水溅起满盆红色水花。她爽快地一吸，"滋溜"一声，一条优美的曲线，一碗面早已人间蒸发，观者无不惊叹，她却仰起那被汁水溅上的脸："怎么了？"

——王至洁

师：还有有意味的表达。

PPT 展示作品片段：

我向来不知道，天底下竟有这种事：每只恐龙都有自己独特的性格与特点，以前只晓得恐龙都是大而凶猛罢了。这个普通的淘气孩子口中讲出的，正是我和其他小伙伴不知道的。

——赵韫为

链接鲁迅《故乡》节选：我素不知道天下有这许多新鲜事：海边有如许五色的贝壳；西瓜有这样危险的经历，我先前单知道他在水果店里出卖罢了。……阿！闰土的心里有无穷无尽的稀奇的事，都是我往常的朋友所不知道的。他们不知道一些事，闰土在海边时，他们都和我一样只看见院子里高墙上的四角的天空。

师：最后，我想告诉大家，好的文章，它一定是言语形式与言语内容的完美统一，写作时最好能做到这一点。我也希望你们课后能够把这篇文章写出来，然后请你们的语文老师发给我欣赏一下，满足一下我的这个好奇心，好吗？那今天我们就到这里，下课！

打开情感奔涌的河流
——"学写抒情文"教学实录

教学背景

2017年4月17日,广东实验中学荔湾学校初二(1)班。这是居家线上教学期间上的一节网课。

教学目标

学会在记叙描写的基础上根据情感表达的需要抒发情感。

| 教学过程 |

导入语:为文先动情,情动而辞发。我们被一些文章打动,往往也是因为这些文章富有感情,以情动人。我们今天来学习如何在记叙描写的基础上抒情。

💬 **教学活动一:阅读感知——了解抒情文**

阅读材料一:

我的爸爸本来是个卖包子的,他在公园路有个铺子,是那种叫作违章建筑的木板屋。生意真好,他整天剁馅儿。

制馅儿的人是包子铺里的灵魂,我家的包子能够驰名四方,全靠馅好。爸用两只手拿两把菜刀剁馅,动作极快,供应不断,从不让买包子的久等。剁馅用的砧板是用很厚很结实的木材做成的,两三年后就变薄了,而且像砚台一样留下了凹痕。它不能再用,爸得去买一块新的砧板来。

人家都说爸做的包子天下第一,理由如下:包子是中国食物,最好的包子应该出在中国,而中国的包子又以我们家做的最好。不骗你,我每天上学放学从包子铺门外走过,常见有人坐着汽车从老远的地方来买包子。

现在爸不卖包子了，公园路那一排木板屋也早拆掉。当年那几块不堪再用的砧板还在，爸把它们带回家挂在书房里——他现在有书房了——当作纪念。他常常指着砧板告诉我们为人不要好逸恶劳。

上了大学后，他对这篇旧作不满意，进行了大规模的改写，改写成以下版本。

阅读材料二：

每逢看见有人弹钢琴，我就想起父亲。

每逢看见有人使用英文打字机，我就想起父亲。

每逢从收音机里听到评剧的鼓声，我就想起父亲。

父亲不打鼓，不打字，也从来不弹钢琴，但他的双手比打鼓、打字、弹钢琴的人忙碌十倍，也巧妙十倍。当我上小学的时候，每天背着书包从父亲开设的包子铺门前经过，总看见他在剁馅儿。他两手并用，双刀轮番而下，打鼓似的、弹琴似的敲响了砧板。当我去上学的时候，包子铺里的成品堆得像小丘那么高，他仍然不停地剁馅儿，好像他的工作才开始。放学回来，成堆的包子不见了，卖完了，他仍然在那儿剁馅儿，好像永远没个完。

那条路上有许多小吃店,许多行人,还有来往的汽车,声音十分嘈杂。可是而今在我的回忆之中,只有一种声音,一种擂鼓的声音,轻一阵重一阵,密一阵疏一阵,从路的这一头响到那一头,整条街上的木板屋都发出共鸣。

这是父亲的战鼓,我踏着他的鼓声去上学,踏着他的鼓声回家,我是在他的战斗里长大的。

那是多么严肃沉实的声音啊!听那节奏,就知道他的手法多么纯熟,知道这个枯燥的工作消耗了他多少岁月和热情!包子铺的生意极好,很多人从远处开着汽车来买,称赞这一家的包子"天下第一"。父亲什么表示也没有,只是擂他的战鼓。

然而父亲对他的战斗是颇为自豪的,他每隔两三年要换一块新的砧板,旧砧板在无尽无休的切剁和刮洗之下变薄了,中间凹下去了。父亲把这些不堪再用的砧板当作纪念品好好地收藏起来。

现在,父亲不卖包子了,他把那几块纪念品挂在他的书房里。客人来了,不明就里,还摩挲欣赏,问是哪派艺术家的构制呢!只有我知道,那是一位生活的巨匠在完成了四个孩子的教育之后偶然遣兴的几件小品,留作我们的传家之宝。

啊,父亲!父亲!①

师:读完了,说说这两篇文章有何不同?

生:第二篇的描写更生动。

师:还有呢?

生:第一篇是纯记叙,第二篇增加了抒情,情感更饱满了,让读者有了共鸣。

师:你们更喜欢第几篇?

生纷纷回复:第二篇。

师:确实。第二篇比第一篇要精彩,原因是作者在叙述的过程中,处处写出了自身的感受,抒发了自己的情感;叙事比原稿简化,只是抒发自己情感的引子。这样的文章就是抒情文,增加了咏叹语调,情溢于事,所以会产生动人的力量,更容易引起读者的共鸣。

我们接着思考,第二篇文章叙事和抒情的关系是怎样的呢?

生:第二篇文章以抒情为主,叙事为辅。

师:主、次更多是位置,而不是关系。继续思考二者的关系。

---

① 阅读材料一、阅读材料二均选自王鼎钧的《作文七巧》,生活·读书·新知三联书店2014年版。

生：通过事件来抒发情感，事件是抒情的引子。

生：叙事支撑抒情。

师：大家的回答有点意思了。叙事支撑抒情的意思是，感情不能凭空抒发，必须依托叙事。所以，抒情要以记叙为基础，如果没有记叙做扎实的基础，再优美的抒情句，也只能是空中楼阁。

💬 教学活动二：思维聚焦——捕捉动情点

（一）知动情点

师：在叙事的基础上到底应该怎样抒情，才能自然真切、触动人心呢？我们看几个熟悉的文段。

文段一：

  对屋里母亲唤着，我连忙走过去，坐在母亲旁边——一回头忽然看见红莲旁边的一个大荷叶，慢慢地倾侧了下来，正覆盖在红莲上面——我不宁的心绪散尽了！

  雨势并不减退，红莲却不摇动了。雨点不住地打着，只能在那勇敢慈怜的荷叶上面，聚了些流转无力的水珠。

  我心中深深地受了感动——

  母亲啊！你是荷叶，我是红莲，心中的雨点来了，除了你,谁是我在无遮拦天空下的荫蔽?

——冰心《荷叶·母亲》

师:在这个文段中是什么触动了作者的情思?

生:荷叶和莲花。

生:荷叶在雨中遮挡红莲。

师:说得很好,"荷叶护莲"这个画面触发了作者的情思,这个画面就是冰心情感的触发点,这样的点可以简称为"动情点",通过它能够引起人们的种种情思。比如古人见柳思别离、望月念故人、赏秋悲人生、遇水生愁绪。柳、月、秋、水就是诗人的"动情点",就是和心境吻合的感情触发点。当然"动情点"也可能是一个眼神、一个微笑、一根白发、一句话语,还可能是一件再寻常不过的小事,甚至是一个极微不足道的细节。写作时,要善于捕捉动情点,书写真性情。

继续阅读下述文段,找找文段中的动情点。

文段二:

他所改正的讲义,我曾经订成三厚本,收藏着的,将作为永久的纪念。不幸七年前迁居的时候,中途毁坏了一口书箱,失去半箱书，恰巧这讲义也遗失在内了。责成运送局去找寻，寂无回信。只有他的照相至今还挂在我北京寓居的东墙上，书桌对面。每当夜间疲倦，正想偷懒时，仰面在灯光中瞥见他黑瘦的面貌，似乎正要说出抑扬顿挫的话来，便使我忽又良心发现，而且增加勇气了，于是点上一枝烟，再继续写些为"正人君子"之流所深恶痛疾的文字。

——鲁迅《藤野先生》

生：照片。

师：很明显，文段二的动情点是"挂在东墙上的藤野先生的照片"。

（二）思维聚焦——捕捉动情点

师：在你和自己的父亲或者母亲相处的过程中，有没有这样的动情点？

生（思考片刻，纷纷回复）：白发、背自己去医院时的脊背、一杯水、一封信、棋盘、草稿纸……

师：白发、脊背、一杯水，这些都比较常见，但是棋盘和草稿纸有点奇特，能和大家分享一下吗？为什么这两样东西会触动你的情思？

生1：我看到家里的棋盘，总能想到父亲教我下棋的场景。

生2：家里有很多草稿纸，上面有各种数学问题。每次我遇到难题，妈妈就会一直给我讲，直到我懂为止。问题不解决，妈妈就不会做其他事情。

师：看来只要我们有心，生活中微不足道的事物都会触动我们内心最柔软的地方。捕捉动情点，需要有一双善于发现的眼睛，需要细心观察，需要具备一颗敏感多情的心。这样，你会从看似平淡无奇的生活中、从凡人琐事中发现许多有价值、有意义的东西。希望大家能够在观照自己的生活中，打开写作思路。

💬 教学活动三：学习表达——抒发真性情

师：找到动情点后，我们到底该如何在文中抒发自己的情感呢？大家回忆一下本单元学习过的课文，抒情方式有几种？

生（纷纷回复）：两种，直接抒情和间接抒情。

师：抒情有两种方式，一是明显的，即直接抒情；另一种是含蓄的，即间接抒情。两种方式没有优劣之分，但在情味上有不同。在写作时，我们可以根据情感表达的需要选择合适的抒情方式。

（一）学习直接抒情

师：我们先来学习直接抒情，请结合下面的文段来探究直接抒情的常见方法。

文段三：

  我不知道为什么家里的人要将我送进书塾里去了，而且还是全城中称为最严厉的书塾。也许是因为拔何首乌毁了泥墙罢，也许是因为将砖头抛到间壁的梁家去了罢，也许是因为站在石井栏上跳下来罢……都无从知道。总而言之：我将不能常到百草园了。Ade，我的蟋蟀们！Ade，我的覆盆子们和木莲们！……

        ——鲁迅《从百草园到三味书屋》

师：这一段是怎么抒发情感的？

生1：对话吗？

生2：倾诉式。

生3：单方面倾诉告别。

师：因为百草园中的动植物不会说人类的语言，作者只能是单方面倾诉，有一个专门的词语叫"独白"。文段三用第一人称进行独白式抒情，直抒作者对百草园的不舍之情。我们再来看文段四。

文段四：

　　土地、原野，我的家乡，你必须被解放！你必须站立！

　　　　　　　　　　——端木蕻良《土地的誓言》

生：文段四依然属于倾诉式的直接抒情，不同的是采用第二人称进行呼告式抒情，直抒人物之情。

师：参照刚才的表达句式，总结一下直接抒情的方法。

生1：第二人称感叹式抒情。

生2：第二人称呼告式抒情。

师：很好，我们就叫这种为"第二人称呼告式抒情"吧。我们再来读文段五。

文段五：

　　在逃去如飞的日子里，在千门万户的世界里的我能做些什么呢？只有徘徊罢了，只有匆匆罢了；在八千多日的匆匆里，除徘徊外，又剩些什么呢？过去的日子如轻烟，被微风吹散了，如薄雾，被初阳蒸融了；我留着些什么痕迹呢？我何曾留着像游丝样的痕迹呢？我赤裸裸来到这世界，转眼间也将赤裸裸地回去罢？但不能平的，为什么偏要白白走这一遭啊？

> 你聪明的，告诉我，我们的日子为什么一去不复返呢？
>
> ——朱自清《匆匆》

师：这个文段和前两个有什么不同？

生（纷纷回复）：运用了反问、设问、感叹等句式；不仅有第一人称，还有第二人称。

师：句式更加丰富和灵活了，设问句、反问句和感叹句等句式和多种人称的灵活运用，不仅情真意切，而且文采飞扬。我们姑且把这种叫作"多重人称多种句式抒情"吧。

（二）学习间接抒情

师：间接抒情，就是把感情融于形象之中，借助具体的人、事、物、景来表达情感。我们结合下面的文段来探究一下间接抒情的常见方法。

文段六：

在夜雨中想象最好是对窗而立。黯淡的灯光照着密密的雨脚，玻璃窗冰冷冰冷，被你呵出的热气呵成一片迷雾。……你用温热的手指划去窗上的雾气，看见了窗子外层无数晶莹的雨滴。新的雾气又腾上来了，你还是用手指去划，划着划着，终于划出了你思念中的名字。

——余秋雨《夜雨诗意》

师：这里有抒情吗？怎么抒情的？

生：通过"划着划着"这个动作，写出了作者强烈的思念之情，在无意识当中，都能写出对方的名字，可见思念之深。

师：这种间接抒情很常见的方法，通过人物描写（外貌、语言、动作、心理等）特别是细节描写，抒发情感。好的细节往往蕴藏着丰富情感意蕴，情感意蕴越丰富的细节，感染力越强。希望同学们学会用细节来抒情。

师：我们再来看，《木兰诗》中为什么要写"但闻黄河流水鸣溅溅"这样的句子？

生：通过写景来抒发木兰思念亲人、想家的情感。

师：是的，借景抒情、情景交融等是我们古典诗歌中很常见的手法。我们很熟悉的"枯藤老树昏鸦"，三处景致就写出了悲凉之境和悲凉之情。再比如《诗经》中的"昔我往矣，杨柳依依；今我来思，雨雪霏霏"，更是以乐景衬哀情，倍增其哀的典范诗句。大家在抒发情感的时候，可以尝试一下借景抒情这个方法。

师：我们再来看看这几句话：

文段七：

　　是的，如果稼先再次选择他的人生的话，他仍会走他已走过的道路。这是他的性格和品质。能这样估价自己一生的人不多，我们应为稼先庆幸！

——杨振宁《邓稼先》

师：这几句话属于什么表达方式？

生：议论。

生：抒情。

师：是议论句，但作者通过议论高度赞美了邓稼先的伟大品格和历史价值。所以，通过议论抒情也是间接抒情常见的方法。

（三）小结

　　今天这节课，我们主要学习了写作抒情文的常见方法。希望通过今天的学习，大家能进一步认识到写作其实就是思想的演绎和情感的流泻，倾吐是人们表达思想情感的重要方式。当我们学会了倾吐，自然就能打开情感奔涌的河流，写出情感充沛、感受丰富的锦绣文章。

💬 **教学活动四：动笔写作**

题目：致父亲（或母亲）的一封信

要求：在叙述的基础上，捕捉动情点，抒发真性情。

课后完成，作业发到老师的邮箱。

基于问题解决的说明文写作教学
——"番禺学宫解说词写作讲评"教学案例

| 教学背景 |

八年级上册第五单元是说明文单元,我们采用了项目式学习的方式来推进本单元的学习,最终的学习成果是分小组制作番禺学宫建筑特色图文展。

项目学习的第四天,学生阅读了番禺学宫的相关资料,进行了参观前的小组讨论,并确定了小组图文展的主题,然后前往学校对面的番禺学宫参观。

在这节户外的语文课上,孩子们用镜头、用眼睛、用心灵,去仰望那巍峨的屋顶，去触摸那朱红宫墙，去凝视那带着云纹的瓦当……当天的作业是：给番禺学宫某栋建筑或建筑物的某个部分写一份解说词。

第二天，在批改学生作业过程中，我发现几位同学的解说词写得特别棒，远超我的意料。"他们是怎么做到的？"这个问题一直在我脑海里挥之不去。同时，我也发现班上大部分同学写得不太理想。

"他们在写作过程中遇到了哪些困惑？"

"我将怎样帮助他们解决写作中的困难？"

这两个问题同样在我脑海中挥之不去。如果让写得好的同学把自己观察、思考、写作等思维过程揭示出来，以小老师的身份来引导写得不理想的同学，会不会比老师讲效果更好？我决定试一试。

确定好教学方案后，我找了作业优秀的几位学生，让他们翻阅同学的作业本，寻找同学习作中普遍存在的突出问题，然后按照"问题呈现—原因分析—修改建议"三个环节进行备课，最后一个同学负责总结：如何写好一篇解说词。

第二天的习作讲评课呈现如下，共两课时，80分钟。

| 教学过程 |

教学活动一　基于文章体式　明确解说词的写作要求

（一）任务与意图

明确解说类文章的写作目的和标准。

引入美国NAEP（2011）写作评价框架中"写作目的"的内容，并通过回顾生活中常见的文章类型，让学生明白解说类文章的写作要求以及应该具有的交流意识、读者意识和文体意识。

（二）过程与方法

1. 基于写作目的的文章分类

PPT：

美国NAEP（2011）写作评价框架根据写作目的将写作分为三类：

为了劝导说服的写作；

为了解释说明的写作；

为了传递经验的写作（真实的或虚假的经验）。

2. 请同学们举例说说你知道的这三类文章

生：为了劝导说服的文章有演讲稿、辩论稿，很多议论文的写作目的好像也是为了劝导说服。

生：为了解释说明的文章有各种说明书、情况介绍、解说词等。

生：为了传递经验的有散文，传递的是真实的生活体验；还有小说，传递的是虚构的生活经验。

师小结：看来，喜欢阅读的你们对各类文章体式了解得比较清楚，根据写作目的来区分文章体式，确实是个不错的分类方法。我们昨天写的番禺学宫解说词，毫无疑问属于为了解释说明的写作。那什么是解说词呢?

3. 解说词及其写作要求

PPT：

> 解说词是对事物、人物或者某种现象进行说明的一种说明文体。如产品展览、文物陈列、书画展览、标本说明、园林介绍、影剧解说、人物介绍等都要运用解说词。

师：解说词的写作目的是为了——
生（齐答）：为了解释说明。

师：同学们说说，解说词怎样写作才能达到较好的解释说明效果？

生：语言要客观、准确。

生：要科学、真实，语言要简明。

师：这是语言的要求，在考虑语言风格前，我们应该先考虑什么？如果我们写出来的文章"王顾左右而言他"，语言再准确、再简明有用吗？

生：我们要先确定说明对象，紧紧围绕说明对象来写。

师：很好，明确写作对象、写作任务，然后再选择合乎写作任务的文体、合乎语境的言语形式，这是非常重要的写作意识。除了这一点外，我们还需要注意什么？

生：还要注意写作顺序，要按照一定的顺序，条理清楚地解说。

师：注意到说明顺序的问题了，非常好。还有其他的吗？

生：还有运用多种说明方法，增强解说的效果。

师：同学们从说明对象、说明语言、说明顺序、说明方法四个方面明确了解说词的写作要求，我来概括一下大家的观点。

（师板书）

扣物写作，言简意明。

按物排序，条理清楚。

多种方法，增强效果。

师：老师还想追问一下，为什么一定要这样写？比如为什么一定要言简意明，为什么一定要按照顺序说明？这和我们最后要制作的番禺学宫建筑特色图文展有没有关系？

生：当然有关系了，言简意明，条理清楚，便于解说员解说，也便于游客一目了然。

生：运用多种说明方法，除了可以介绍得更清楚，还可以更生动，增加感染力，吸引观众。

师：所以任何写作都面临着以什么角色、对谁、为什么目的、用什么方式写的问题，也就是我们写作时要有交流意识、读者意识和文体意识，解说词的写作也不例外。

教学活动二　基于问题解决　探讨解说词的写作之道

（一）任务与意图

基于本次写作中存在的问题，寻求解决问题的方法，提高解说词写作水平。

采用"小先生制"：学生呈现写作过程中出现的典型问题，进行归因分析，并给出相应的解决对策，重点展示写作时的思维过程，给出可操作的修改建议。

(二)过程与方法

1. 问题呈现

陈倚淇同学梳理了本次写作出现的典型问题,并给出了自己的构思建议。

> 出现的典型问题:
> ◇不按照要求写作,写的不是番禺学宫的建筑。
> ◇内容太空泛,不会聚焦,不够具体。
> ◇语言风格不符合解说词的文体。
> ◇说明顺序混乱,逻辑不清晰。
>
> 构思阶段,建议在正式动笔之前,要问自己一些问题,比如:
> ◇选番禺学宫的什么建筑物写?
> ◇从哪些角度、方面写?
> ◇介绍的重点是什么?
> ◇按什么顺序写?
> ◇怎么把知识性的介绍与文艺性的表达巧妙地结合?

教师小结:大家对照一下陈倚淇同学梳理的这些问题,想想自己的写作是不是存在这些问题?如果在动笔之前,我们也像陈倚淇同学这样认真思考过,会不会就可以避免问题的出现?

2. 问题解决

（1）学会观察，学会聚焦

梁怡倩同学讲解环节：

①例文呈现

> 文段一：泮池位于广州农讲所，池周围有青石围栏，地上有一座拱桥，名为状元桥。桥上置云纹青石一块，人踏其上，喻青云直上，有得志之意。受功名思想的影响，人们便很喜爱这样的桥。
>
> 文段二：在大成殿的正脊上，有二龙戏珠的雕刻，下面则是波涛汹涌的海水和两只分别站在两端的青色辟邪兽。虽然这只是大成殿一个小小的组成部分，但在细节之中足以感受到其雄伟壮观，足以彰显出番禺学宫的建筑魅力。

点评：两个文段典型地反映了本次写作的问题：作文内容空泛，重点不突出。比如文段一没有具体介绍桥的大小、形态等，读完脑海里没有桥的具体样子。

②归因分析

a. 参观番禺学宫前未确定观察对象。

b. 缺乏聚焦和定点观察的意识。

c. 缺少观察对象的相关知识。

③写作建议

a. 观察前做一些功课，了解和番禺学宫有关的一些知识，并选择自己感兴趣的观察对象。

b. 在观察过程中保持好奇心，对不了解或不知道名称的建筑物、建筑构件等提出问题，寻求老师或工作人员的帮助。

c. 关注细节，如颜色、形状、方位、作用等，并根据行文需要尽可能地在文中描摹出来。

d. 在正式写作之前，再根据自己确定的写作对象进一步查找资料，了解古建筑与中国历史文化的关联。

e. 在写作过程中，综合运用多种说明方法。

比如观察番禺学宫大成殿屋顶和屋檐时，我的思维过程是：

在中国传统建筑中，屋顶的结构是什么？看到它，你的感觉是什么？

从屋檐处探出的一层层木条是什么？

脊上有什么花纹？花纹代表什么？有什么寓意吗？

材料是什么？用了什么技艺？

……

④以文段一为例，提出修改建议

泮池位于广州农讲所（具体位置在学宫哪里？），池周

> 围有青石围栏（怎样的青石围栏？高还是矮？），地上有一座拱桥（拱桥是什么样的？多长？几个拱？），名为状元桥。桥上置云纹青石一块（青石多大？云纹是什么样的？如何排列？），人踏其上，喻青云直上，有得志之意。受功名思想的影响（什么样的思想？为什么要建造儒家学宫？与儒家学说有什么关系），人们便很喜爱这样的桥。

师：听完梁怡倩同学的讲解，大家有怎样的感受？有没有补充意见？

生：我觉得梁怡倩在参观前和参观后，做了好多功课，了解了很多知识，为她后来的写作做了很好的铺垫，这一点对我的启发很大。

生：她把自己是如何观察的，观察中又是如何思考的具体过程展示出来了，我有一种恍然大悟的感觉，原来写作的思维过程是这样的。

师：我也觉得在这两方面，她做得特别好。要写好文章，一定是离不开知识储备的。知识如何储备，怡倩给我们做了很好的示范。写作的本质就是思维，她结合自己的写作实践给我们揭示了写作思维具体的展开过程，操作性很强。

生：我也从梁怡倩同学的讲解中获益匪浅，但我有一点疑惑：

我们这次的写作任务是为制作番禺学宫图文展服务的,既然图片已经存在,文字为什么还要有画面感,为什么还要写得那么详细?

生:我也有这个疑惑,解说词是在观众能看到物件的情况下进行讲解的,所以物品显而易见的高矮、宽窄等,就没有必要一一赘述了。相反,物件背后观众看不见的历史、文化、工艺等应该作为讲解的重点。我觉得不需要说屋脊上的脊兽什么样子,而应该解说这个脊兽代表了什么寓意或者制造工艺是什么。

师:同学们怎么看?

生:我觉得解说词该具体的地方还是要具体,虽然是对着图片解说,但图片毕竟不是实物,建筑物部件构成、尺寸大小啊,具体写出来会让人更清楚。

生:说明文的写作目的之一是向读者提供科学的知识,有些观众可能只是大概了解一下番禺学宫的建筑,但有些观众可能要获得番禺学宫建筑的专业知识,比如大成殿开间多大、进深多大、面积多少等,所以我觉得还是需要具体介绍的。

师:大家的质疑和讨论都很精彩,质疑的两位同学关注到了写作的交际语境,参与讨论的两位同学关注到了说明文的写作目的,其实这两者是不矛盾的,都涉及我们"为什么写"这个问题。我们在写作时,根据写作目的和受众,有所侧重即可。至于本次写作,是为番禺学宫图文展撰写文字稿，知识性的介绍是需要的，建筑背后的文化内涵也是需要的。如何抓住番禺学宫建筑的特征，写出建筑的文化内涵，我们看这段例文：

> 主体建筑大成殿占地面积381平方米，砖木结构，整体呈长方形，三面砖墙，前面安装一排镂空雕花门。大成殿共三间，通宽14.4米，进深12.7米，通高16.5米；殿内有硕大的中柱4根，每根直径约52厘米，高15米。大成殿为穿斗式抬梁构架，重檐歇山顶，飞檐翘角，造型优美。我们中国的古建筑以屋顶造型最为突出，它是整座建筑物最为醒目的地方，也是等级观念最强之处。大成殿九条屋脊都用的是琉璃瓦，脊上有两个蹲兽，这是很高的等级。古代律法森严，屋脊上的琉璃瓦多数为皇家使用，民间只能用黑活瓦（砖雕瓦）。而且不同等级的建筑物所安放的脊兽数量和形式都有严格限制，比如在皇宫偏殿的屋脊上只安放1~3个蹲兽，由此可见文庙等级之高。

师：这段湖南凤凰文庙的解说词写得怎样？
生：运用列数字的说明方法，把大成殿的规模介绍得具体、清楚。

生：在介绍建筑的规模、结构、构件的同时，巧妙和历史文化融合在一起，让我们获得了很多的知识。

师：这段例文值得我们学习，抓住了凤凰文庙的特征，运用准确凝练的语言和合适的说明方法进行了准确的说明，还突出了建筑的文化内涵。

（2）合乎文体，有效表达

林绮涵同学讲解环节：

①例文呈现

文段三：这的确是我见过的最破败不堪的一座孔庙——它甚至不能被称为一座完整的孔庙。门口的泮池一点也配不上它属于四大贡院之一的孔庙的名头。简陋，嗯，非常简陋。池子小得可怜，蜘蛛都不屑于结网……番禺学宫最美的、最沉的、最透着历史气息的，就是那些树木了。它们好有文化啊喂！

点评：文段三的语言是散文化的语言，更像是在写散文，抒情性很浓，读起来不像解说词。

②归因分析

可能不清楚解说词的语体风格。

③对策建议

a. 明确解说词的语体风格

解说词主要是起到补充视觉和听觉的作用，帮助观赏者在观看实物的过程中加深感受，所以其语言最好做到：说明性、描述性兼具，表达既要客观准确、言简意明，重点内容又要细腻真实；知识性、趣味性相融：既要体现专业色彩，又要通俗平易，最好还能做到典雅优美。

b. 进行有效表达的方法

建议大家根据文章的写作目的和写作重点来遣词造句。作为说明性的文章，还要学会灵活运用多种说明方法，在说清楚的同时还能说得更细致、更有格调。

教师小结：林绮涵同学的讲解提醒我们，不同的写作目的和文章功能决定着语言使用的不同风格，我们要学会依体写作，针对不同的文体，采取不同的表达方式，选择合乎体式的言语形式。下面，请同学们选择自己习作中需要修改的一个段落，尝试用这节课学到的方法进行修改完善。

（3）总结梳理，提炼方法

师：我们请最后一位小老师根据这节课的学习内容给大家总结一下解说词的写作方法和注意事项，大家掌声欢迎赵韬为同学。

赵韬为进行课堂总结：

大家好，我是赵韫为。刚才几位老师从不同角度给我们提了很多建议，接下来我做个总结。

首先回顾一下，解说词是什么？

解说词是口头解释、说明事物的文体。不仅仅是导游词，还有对图片、影视的解说，以及对体育竞赛的解说等。

解说词的作用又是什么呢？

解说词具有补充视觉的作用。

如何体现呢？

比如以前没有电视机，体育比赛是用收音机解说的，只听解说员说："10号，10号拿球了，他传给了3号，3号射门！哎呀！球打在了门柱上……"听众们虽然没有看到场景，但听到了这解说，就仿佛真的在现场似的。这就是解说词具有补充视觉的作用。

但是现在的解说词就大不同了，如果我们去番禺学宫，给大家介绍："看，这有扇门！看，这有棵树！看，这有座桥！"这么说就很奇怪了。我们应该介绍这些景物背后的故事，介绍它背后的历史、文化。这也是解说词补充视觉的作用。

其次，如何写好解说词呢？

第一要考虑是写给谁的。以番禺学宫的大成门为例，如果是写给专家看的，那么要有足够的专业高度，要严谨，要谈到大成门的材料、力学结构、美学配色等等。同样是讲解这些内容，如果是讲给普通老百姓听，太专业的介绍，人家可能就听不懂了，还会觉得很枯燥，所以讲给普通听众要考虑到趣味性，要让他们听得开心，要有科普性，重要的是可以让听众从中学习到知识，语言要平实、准确、凝练，避免用过多的学术和生僻的词语。

第二是写作技巧。总结刚才几位小老师的发言，我觉得解说词有三个特点。

一是指要性：要着重介绍要点、重点。比如我们要介绍番禺学宫的建筑，它包括很多小景点，有泮池拱桥、大成门、大成殿、崇圣殿……我们要条理清楚，可以按照空间顺序、时间顺序或者逻辑顺序，介绍时要有重点，不泛泛而谈，其余简括，一笔带过也可以。

对于每个小点（小展品），则要有聚焦点，聚焦在它的历史、装饰等有趣味的细节上，容易给人留下深刻的印象。

二是引申性：对于讲述的重点，就像梁怡倩同学所说的，在内容上做必要的增补和扩充。比如泮池，"泮"就是"半"，"半于天子之宫"，天子可以用圆形的璧水，孔庙为

> 侯王级庙宇，只能用泮池。这样讲解，抓住特点，使听众获得知识，引人入胜。
>
> 三是感染性：现在如果有人在东张西望，有人在跟旁边的同学讲小话，那就说明我的讲解很没有感染性（笑）。讲解要语言生动、具体形象，可以描写，也就是用摹状貌的说明方法，让大家身临其境，产生共鸣，重要的是可以起到更好的宣传效果。
>
> 我的总结就到这里，请大家批评指正。

（教室里响起了热烈的掌声）

师：赵韫为太棒了，她只准备了发言提纲，边听课边整理，课堂总结条理清楚、内容充实、重点突出、语言生动，简直就是出口成章啊。更难能可贵的是，她的总结中蕴含着几条写作的箴言：要学会为读者而写，针对不同的读者，采取不同的表达；学会依体而写，写作是一种书面语篇构造，是有一定样式要求的，要把写作落实到具体的体式上，选择合乎体式的言语形式。

下面，请同学们选择自己习作中需要提升的一个点，尝试用这节课学到的方法进行修改完善。

💬 教学活动三　基于实践运用　修改完善解说词初稿

（一）任务与意图

修改初稿，在实践中运用本节课学到的写作方法。

现场修改初稿，把方法的学习落实到实践操作中，同时也可检验课堂教与学的效果。

（二）过程与方法

1. 学生修改自己的习作片段
2. 学生展示自己的修改稿

文段一的修改稿：

　　跨过番禺学宫棂星门，首先映入眼帘的就是泮池。泮池池岸由一些低矮的青石围成，呈半圆形。古时，学童入学为生员称为"入泮"，泮池因此得名。池上有一座单拱石桥，桥呈对称形，两头有青石铺就的几级台阶，中间有云纹雕刻青石一块，踩在其上，有青云直上的寓意，此桥也因此得名"状元桥"。在儒家思想中，文人读书的目的是要"货卖帝王家"，学宫便把这泮桥放在正门处。

文段二的修改稿：

　　大成殿建在高1.55米的石台基上，四周绕以石栏杆。殿前月台宽14.88米，深14.22米。围绕月台，台基的石栏杆雕刻精致，以暗八仙为栏板装饰图案，展示了儒释道三教合一的文化景观。大成殿的屋顶更是别具一格：正脊上，饰有"二龙戏珠"的雕塑，二龙围绕在燃烧的火珠旁，张大嘴巴，一副跃跃欲试的样子，好像在争夺这颗火珠。雕塑的下面，还有"波涛汹涌的大海"的彩绘，使正脊上的画面栩栩如生。垂脊上绘有盛开的大红或粉红的牡丹，还有飞翔的蝙蝠，寓意花开富贵，万福来求。

文段三的修改稿：

走过泮池上的石拱桥，跨过大成门，出现在我们面前的这座建筑就是番禺学宫的主体——大成殿。大成殿高约四丈，阔五间，进深三间，红墙黄瓦，飞檐斜出，檐下斗拱钩心斗角，这些都是明代的规制，但是如墙角、屋脊等处又不难看出清代重修的痕迹。殿顶上覆黄色琉璃瓦，上面的雕饰无不是皇家规格。虽然大成殿因建造时间过于久远已有些古旧，但是仍能感受到孔子儒家学说在封建社会被推崇的地位。

3. 优秀作品展示

梁怡倩同学的作品：

大成殿的屋顶主要由屋面及屋脊构成，屋脊又分为正脊、垂脊和戗脊。正脊为前后两坡顶相交最高处的屋脊，是一座建筑屋顶之最高处。垂脊为正脊两端至屋檐四角的屋脊。戗脊又称岔脊，是自垂脊下端至屋檐部分的屋脊，和垂脊成45度角，对垂脊起支撑作用。

　　大成殿屋面采用黄琉璃瓦，正脊、垂脊、戗脊均为五彩琉璃脊，为清光绪佛山文如璧的作品。正脊两端为夔纹、双鳌鱼，中部为双龙戏珠。两条龙对称地设在左右两边，呈行龙姿态，争夺中间的火珠，显出活泼生动的气势。从西汉开始，双龙戏珠便成为一种吉祥喜庆的装饰图纹，在中国古代神话中，龙珠是龙的精华，是它们修炼的元神所在，所以人们在艺术表达中，通过两条龙对玉珠的争夺，象征着人们对美好生活的追求。

　　正脊装饰题材十分多样，有暗八仙图案，有牡丹花喻富贵，蝙蝠象征福，仙桃喻长寿，脊刹明珠下有"福禄寿"三字，点出主题。脊饰使用了独特的嵌瓷工艺，风格写实，质感坚实，雅俗共赏，表现对象栩栩如生，深受南粤人民的喜欢。除脊饰之外，相信大家也都注意到了，从屋檐上探出的一根根木条。这就是斗拱，中国建筑特有的一种结构。也许你们会觉得它纵横交错，结构复杂，没错！这就是"勾心斗角"本义的来源。

章心悦同学的作品：

　　棂星门实为番禺学宫的第二道门，有孔子为天下星宿下凡之意，显露出内部建筑为庙宇、学堂的双重用途。棂星门由三道门孔、六根石柱组成。远观之，中门略高，两侧门略低，两侧对称，严谨肃穆，可见古人对孔子的尊崇之感。石柱上方各立一兽。六兽神态相似，双眼圆瞪，既有肃穆之感，又略显乖巧。兽下接一圆柱，柱下接一八边形长石柱。八方形石柱顶部间两两横一石板，石板上方中央顶一莲花状饰物。石板分为三层，每一层有不同样式的浮雕。观其八边柱，既可言之粗糙，又可言之精细。它由石头做成，中间掺有凹凸不平的杂质，却又经过精细打磨，拍上去有厚重之感。石柱下方打竖立有另一石板。若从正面看，下方石板与石柱融为一体，若从侧面看，可见一块块石板延伸开去，样式相同，却显出层次感。石板上刻有云龙，栩栩如生，龙须隐于云中，顺着纹理抚之，粗细均匀，末端收尾顺滑，可谓巧夺天工之作。

︱教学感言：让语文学习真正发生︱

课堂变革的核心是让学生的学习真正发生，本节课的教学基于学生写作问题的解决，采用"小先生制"，在教师的指导下，让学生自主发现问题、分析问题和解决问题。学生解说词写作能力的提升清晰可见，这可能得益于以下几点：

一、教学内容：从单一的写作知识讲授向多种知识的整合、应用转变

本节课上，教师没有止步于解说词写作知识的讲授，而是将解说词写作知识、利用这些知识解决实际问题的认知过程，还有在何种情境下使用这些知识三者进行融合，在交互中共同影响学生在现实情境中的运用。比如在"明确解说词的写作要求"这个教学环节，学生已经从说明对象、说明语言、说明顺序、说明方法四个方面说出了解说词的写作要求，但教师还坚持追问，为什么一定要这样写？这样写和最后要制作的番禺学宫建筑特色图文展有没有关系？这样的追问，目的是为了将碎片化的知识整合成可以迁移、应用的写作素养。

二、学习任务：从抽象的知识学习向解决真实情境中的具体问题转变

在传统教学中，学生的学习任务主要是通过教师的传授掌握抽象的、和现实没有关联的知识，而这节课则是将解说词写作这一学习任务"抛锚"于"制作番禺学宫建筑特色图文展"这一真实的情境中。承载着教学内容的实际情境，激发、维持着学生解决问题的动机，同时有利于知识向现实生活情境的迁移。

三、教学形式：从师生单向互动向多向生成式互动转变

传统的课堂形态，主要是以"教师提问—学生回应—教师反馈"这种单向互动为主，其实质还是以教师为中心的。本节课采用的"小先生制"让学生成为小老师，直接参与学习与相互指导的全过程，成了真正的学习主体和课堂主人。同时，教师与学生、学生与学生等构建了多向对话互动关系，给每个人提供了发表自己观点以及倾听他人见解的机会，在相互交流、讨论和切磋的思维碰撞中，取长补短，获取智慧。

基于问题解决的语义课堂教学，以真实的问题引导学生的学习过程，让语文学习真正发生，有效地促进了学生对知识的深度理解和高阶认知能力的发展，并在真实的问题解决过程中自主建构起学生的核心素养。这样的教学实践，值得继续探索下去。

生活即写作，但写作需唤醒
——高梓涵同学《春节山居笔记》写作指导个案

在我的印象里，高梓涵是一个文静沉稳的男生，课堂上安静地听讲，作业按时完成，语文成绩似乎还过得去。

当我在写这段话时，我其实很想描写一下他的神态表情的，但写不出来，因为入学一个学期下来，他留给我的印象并不鲜明。尤其和班上几个才思敏捷的孩子相比，他只是众生中极为安静的一个。

所以他那篇6000多字的《春节山居笔记》引起轰动后，我在和媒体的记者聊起高梓涵的时候，颇有感慨地说："一个我从未觉得擅长写作的孩子，只因一个月的山居生活，写出6000多字的作文，文采哲思兼具，字字耐读！"

这句感慨的话，每个字都是我真实的感受。有一些同行的老师看了《羊城晚报》的报道《生活即教育！初一男生山居一月6000字作文震撼校长》后，在文末留言，希望记者能帮忙求证：他此前真的不擅长写作吗？

我的回答是："在这篇文章之前，他的确没有让我觉得他写作能力很突出。当然，这样的印象只是局限于我对他平时作文的有限观察，很可能他在自由写作中拥有的才华是我没有观察到的。"

这次写作过程，无论是对梓涵的写作学习还是我的写作教学，都是极具启发意义的。

💬 一、写作源起

这次写作教学，一是源于《南方都市报》"非虚构写作平台"第九期的征文主题"我的春节"，二是源于2020年这个特殊的寒假，我们每个人都经历了一个很不一样的寒假。

我和我的学生是《南方都市报》"非虚构写作平台"的老朋友了，再加上这期征文题目极接地气，非常符合我的生活写作教学理念。所以我给孩子们上了一节"不一样的春节"写作指导课，并且建议他们都来写写这个题目。

上完课后的几天时间里,我的邮箱里陆续收到了孩子们发来的作文,我择优在"语文之境"公众号上连续推送了12篇优秀习作,其中并没有高梓涵的。

他的初稿是这样子的:

不一样的春节

今年回老家过春节,没想到遇上了新冠肺炎疫情,只好居家不出。过了几日,我实在耐不住寂寞,想出去呼吸外面的新鲜空气。爸爸想了个办法:"山上空气好,人也少,是最安全的地方!"于是,整个春节,我便拥有了一段难得的山居日子。

我们有一片自留山,山上有爷爷早几年种的碧绿的竹子。妈妈说:"高宝现在长大了,可以为家里承担一些体力活了,要不,你和爷爷上山吧!"于是,我和爷爷去自己家种的竹子山劈山。爷爷边走边跟我介绍我们自己的山:"这片竹子是我们自己种的,一年比一年大,但是有一些嫩竹子因为太小又无法长大,就需要砍掉为老竹子留下空间。所以就有劈山这种说法了。你看这把柴刀,刀刃是斜的,所以要使刀刃与竹子呈45度到60度的角,柴刀才会吃得深。"听完爷爷的介绍,我们也在不知不觉中来到了竹山。刚刚离竹山很远,看竹山就像一片绿色的海洋，波涛汹涌。但是走近了，却又觉得像一道道绿色的屏障，保卫村庄。

"咬定青山不放松。"我觉得没错。这些竹子的韧性让我吃惊。我无论从什么角度，用什么力度，都砍不进去。突然，听到爷爷的声音："孙子！记住45度角！"对哦！45度角！我试着甩动柴刀，瞄准45度，用力一砍，"咔"，竹子上裂了一个缝。突然，竹子里蹦出一股乳白色的竹汁。于是我趁热打铁又接连砍了几刀，终于，竹子断了。我兴奋得脸都红了，在山上跳来跳去，我终于学会了砍竹子！还砍出了竹汁！

就这样，接连几天，我都和爷爷上山砍柴、种杉树……使我的臂力有了很大的进步。

有时，我也和妈妈还有奶奶在田里散步。第一天去田里的时候，我正想撒开腿在田野上奔跑，谁知刚跑上田埂，就脚下一滑，扭到了脚。妈妈只得扶着我在田埂上慢悠悠挪动。这时候，我突然看见埋没在草丛中的许多像蓝色小眼睛的蓝点。我拨开草丛一看，发现是一种蓝色的小花！妈妈也蹲了下来，用手机搜索到了这种花的名字：阿拉伯婆婆纳。好美的名字呀！我爱上了在田间寻找各种小花小草：我发现了田里密密麻麻的莲花似的粉紫色的紫云英，石头缝里的花瓣像粉嫩的蝴蝶的七星莲,路边不时冒出来的大大的绿叶叶脉上居然长满可怕的尖刺的有毒的喀西茄……

春节剩下的日子,我不是跟着爷爷和爸爸砍柴劈山除草,就是跟着奶奶和妈妈在田里漫步。这个春节,让我体会到了农民的辛苦,可是也感受到了大自然的美,这真是不一样的春节啊!

看完这篇作文初稿,我是不大满意的。但有一点让我印象深刻,那就是作者在乡下独特而又时间充裕的这段生活经历。他的文字中唯一能打动我的是第五段对田野上各种野生植物的描写,细腻真实的描写让我觉得新奇,也让我产生了一些审美的愉悦感。我毫不犹豫地把这段标红,写上了批语"这一段写得真好!",然后给出了我的修改建议。

💬 二、修改建议

(一)写作方向的建议

"以山为居,草木为邻,鸟兽为友,栉沐清风,枕月而眠,偷浮光山色,享人间余闲,独与天地精神往来,这是多么理想的生活!……"

梓涵,按照这个美美的调调往下修改吧,今年春节,难得有一段这么长的时间,让你拥有了一段美好的山居岁月,不认真写一写,太可惜了。

(二)写作方式的建议

建议尝试用山居笔记的形式来写,这样的写法很自由,也可以采用小标题。可以和考场作文写法不一样,自由去表达,尽情展示自己的才情。

写自己在山里待着的日子里,自己看到的(别人很少看到的)、自己经历的(别人很少经历的)、自己感受到的(别人很少会有这样的感受),越真切,越有趣,读者越喜欢。

💬 三、引起关注

一周之后,我收到了高梓涵6000多字的《春节山居笔记》。发布在我的公众号上之后,引起了很多人的关注,不少学校的语文老师把这篇长文作为阅读和写作的材料推荐给学生,让学生阅读后进行摘抄和点评。(《春节山居笔记》附后)

《羊城晚报》记者蒋隽写了一篇《生活即教育!初一男生山居一月6000字作文震撼校长》发表于3月12日《羊城晚报·羊城派》上的新媒体上,并正式发表在3月17日《羊城晚报》A16版"有教无类·面孔"栏目。

3月12日

1. 八个小标题：山间早行、稻田之趣、晚归路上、哲思的田野、砍柴代竹、上山种树、我是骑手、鸭贼大战、结束的话。

2. 我最喜欢"哲思的田野"这一小章，因为作者带我们踏上了一场神秘之旅：在田埂上，稻田边，让我像作者一样发现许多埋没有世俗的小东西。有一种叫阿拉伯婆婆纳的小蓝花，密密麻麻的粉紫色的紫云英……所谓大自然的美是永远欣赏不完的，我希望当我也能走在大自然中，我一定要去寻找它们重新绽放的秘密。

3. 听过此文，我读到了一种充满惊喜与欢乐的寻游大自然之旅。因为我的家乡不处于山野之中，没着深切感受到山野间的小特别，读了这篇文章使我更热爱大自然，使我更加想去探索与欣赏美和生命。其实小的时候，我也有和我伯伯去田里种果的经历，我不能下田因为这样会开得一身脏，我只能呆在一个用塑料袋所遮住的块草地上，我看着地上爬来爬去的小昆虫，望着头顶高高的太阳，当时我还没觉得太特别，现在想来这居然是我最可贵的记忆。

广州市南沙区黄阁中学初二（6）班覃佳怡同学的点评

四、我的思考

（一）写作即生活

著名教育家杜威说"教育即生活"，著名教育家陶行知先生说，最好的课堂不在学校，而是来自生活。高梓涵这次成功的写作实践，再次证明了这些著名论断的正确性。由杜威的"教育即生活"和陶行知的生活教育，我们也可以说"写作即生活"。生活是写作真正的唯一的源泉，写作就是生活本身。正是基于这样的认识，我在2008年左右提炼出了自己的写作教学理念"用文字记录生活，用思想点亮生活"，我的生活写作课一直坚持至今，并且还会一直坚持下去。

（二）写作需唤醒

写作就是生活本身，这样的表述强调了生活对写作的重要意义，但是我们也必须理性认识到生活不能简单地、直接地等同于写作。理由很简单，我们每个人都在纷繁复杂的生活中，但不是每个人都会写作。所以走进生活后，写作仍需要唤醒。我们要唤醒什么呢？

唤醒生命体验。换句话说，就是唤醒我们心底的记忆。对写作而言，写作者需要唤醒的是大脑记忆里的有意义信息，包括生活经验、人生阅历、阅读思考等。唤醒生命体验，最重要的是再现生活事件的过程。高梓涵的这次写作，很关键的一点就是他刚刚经历的生活过程被唤醒了，这是他生命中第一次有那么长的时间可以近距离地和山居生活亲密接触，并且这个经历刚刚过去，所以他的记录是鲜活的。在记录的过程中，没有了时间限制，可以慢慢再现生活事件的过程，慢慢品味生活中的细节，所以他的生命体验是具体而丰富的，体现在文字上也是具体而丰富的。

唤醒表达欲望。我们平时的很多写作训练，不少学生都是处在一种被动、被迫完成任务的写作状态中，这样的写作状态，学生很难说有强烈的表达欲望。我们应该创造一种无拘无束的写作氛围，让孩子们为了生命表达的快乐而发声。只有表达欲望被唤醒了，只有生命内部真正活跃起来的时候，才会有真正有意义的写作发生。

作家蔡东说，"对日常持久的热情和对人生意义的不断发现，才是小说家真正的家底"，而人生"意义不在重大的事项里，而在日复一日的平淡庸常中"。的确，丰富多彩的生活就是写作最珍贵的养分。语文老师应该带着学生走进生活，并努力唤醒学生的生命感悟，这样坚持下去，假以时日，相信学生的写作不需要再苦苦寻觅，而是在他生活落脚处的信手拈来。

附：

春节山居笔记

广东实验中学荔湾学校七年级（2）班　高梓涵

回乡过年，饕餮数日，匆匆返程，年年如是。不料突发疫情，不得不暂居山野，近月余。这段日子，以山为居，草木为邻，鸟兽为友，栉沐清风，枕月而眠，尽享人间余闲。从心所欲，随手记之，命名《春节山居笔记》。

山间早行

每天清晨，我们都从采育场的住所走去奶奶家的老房子吃饭。这段路程，总是让我们迷恋其间，十五分钟的路程我们往往要走一个小时。

出门下楼，先要经过一个大操场。操场边有一棵高大的形容枯槁的老树，虽然高大，但是并不枝繁叶茂。树干上有块牌子，走近一看，哇，居然是107年树龄的国家三级保护古树——重阳木！我们不禁驻足观看起来：不知是不是冬天的原因，树枝上已经没有一片叶子，但是高高的枝干上还是有浓浓的绿意，细看才发现，原来是寄生的蕨类植物围绕着树枝树干疯狂生长，给这百年老树带来点点生机。爸爸随手拔下一棵蕨类植物，告诉我，他们小时候，就是用这种植物的根部来当橡皮擦的，还示范给我看，真的擦掉了我本子上的一个字，太神奇了！

接着，我们要经过一段长长的水泥台阶走到山坡下的公路上。水泥台阶的右边是一个菜园。"快看快看，小松鼠！"我一阵惊呼！只见一只手掌大小的灰褐色的小松鼠，拖着白色条纹的长尾巴，飞快地蹿上树，又蹿向旁边的小木屋，钻进木板的破洞里不见了！菜园只有一个圆形的水泥门框，没有门。左边是一畦一畦的菜圃，种了春不老、大白菜、冬葵，还有一些香菜，绿意盎然。再往里，是一个黑砖砌成的围栏，围栏里有一只黑色的狗，带着一脸的忧伤与愁苦，正趴在围栏边朝我们狂吠。似乎是寂寞和孤独，使它如此哀伤吧。以后的每天，我们经过菜园，黑狗总是朝我们狂吠，昨天如此，今天如此，天天如此。它似乎很愿意乐此不疲地跟我们打招呼。园子右边是一棵不算高的老树，我觉得老是因为它全身都是褐色的，树的主干挺粗，上面还有一个树瘤。老树的右边是一个破破烂烂的木头房子，房子顶上也长了一簇簇的蕨类植物。每当我们经过的时候，总能听见鸟儿在老树上唱歌，看到它们的同伴在园子里自由自在地飞翔觅食。

接着往下走，就到了公路。横穿过公路，是新建的莲文化广场。广场的石栏上，经常停着一群灰色羽毛的野鸽子，人一靠近，它们就开始在石栏上步行移动；我们再靠近，它们继续移动；再靠近，它们就呼啦啦一声飞到石栏底下的稻田里了。接着我们要穿过一座古色古香的廊桥。廊桥全部是木质结构，横跨在老家唯一的大河上。河面不宽，约五六十米。在廊桥中间位置，供奉着几尊佛像，佛像旁边有一个小房间，里面住着一位年纪很大的老爷爷，专门负责看护廊桥。我常常好奇：老爷爷常年在这荒郊野外般的廊桥上一个人生活，他不害怕吗？

稻田之趣

经过廊桥之后，就到了我最喜欢的稻田了。我们总是抄捷径回奶奶家，这个捷径就是走田埂穿过稻田，就到达奶奶家附近的巷子了。田里水稻收割后，长满了各种野花野草。最引人注目的是整片整片的紫云英！争先恐后生长的翠绿色小叶瓣，繁星般密密洒洒的粉色花朵，就像一片迷你花海。田里还有许多"正宗"的走地芦花鸡。那只领头的公鸡永远是雄赳赳、气昂昂的，抬头挺胸，毛色金黄，在清晨的阳光照耀下居然能感觉到有隐隐约约的金光在闪烁。它鸡冠特别挺立，就连叫声，也是其他公鸡无法比拟的。最让我感到奇怪的是，它居然不怕人，妈妈拿出手机给它拍照，它竟然还歪着脑袋盯着妈妈看，真是颇有明星风范！

"你看，田埂上这么多黑豆！"妈妈在一旁朝着我叫，眼里还带着笑。我心里嘀咕："妈妈什么意思？"爸爸哈哈大笑："你知道这是什么吗？"我不禁弯腰研究：这么多黑色的圆形的东西，星罗棋布地撒满了整条田埂，到底是什么？妈妈忍不住了："是羊屎蛋啦！小心别踩到！"天啊！我赶紧直起腰来。爸爸说："小心点，前面这段田埂可不好走，跟着我的脚印走，要是踩到烂泥就会掉进田里的！"我才不信呢！我大步在前面带路，一副天不怕地不怕的样子，正想跟爸爸炫耀呢，突然脚下一滑，"哎哟"，整个人跌坐在了稻田里！这下好了，奶奶看到我，又得数落我一顿，唉！

晚归路上

到了黄昏，在老房子吃过晚饭，我们会回到采育场睡觉。为了能赶在天黑之前穿过田埂到达采育场，五点半左右我们就出发了。我和爸爸妈妈排成一队走在田埂上，眼睛都盯着远处山边的落日。太阳懒洋洋地躺在半山腰，我们仿佛还能感受到它的温暖。妈妈又开始赞叹起落日余晖的美好。我正跟着妈妈欣赏这洒满金光而又绿意盎然的田野，爸爸却开始不停地催我们快走。我们只好收回目光，盯着脚下，快步向前。终于跨过最后一节田埂到达路面，却发现太阳跟月亮不知何时已经完成了交接班，一轮明月已经高悬在夜空中。我们又把眼光看向了夜空。月亮在夜空写诗，星星是一颗颗汉字。那满天的繁星，真的太壮观了！"这是北极星，这是北斗星，还有……恕我没见过这么多星星，真的叫不出名字了！"密密麻麻的星星们布满整个夜空，仿佛在举行一场盛大的狂欢，完全不给黑夜一点空隙！

如果遇上雨天，我们只好绕远，穿过菜市场，再沿河边绿道走到廊桥。走菜市场，我也是很喜欢的。菜市场里的菜摊，是用水泥筑的，像一张张隔得不远又排成一列的乒乓球桌。我们经过时，已经没有任何人了。我就打着伞，爬上菜摊，一路飞奔，跨越，飞奔，跨越，到最后一张台子末尾就故意使劲往上跳高再落地，想象手中的雨伞是降落伞，玩得那叫一个开心！可是开心过后，就要走长长的一段河边绿道，这是我最不愿意走的一段路。绿道还没铺好，到处堆放着准备铺路的一人高的石材。整条绿道没有路灯，伸手不见五指，绿道右边广阔无垠的田野，白天让我心生欢喜，这时候却空旷得让我害怕。风一吹，发出阵阵"呜……呜……"的声音，河里潺潺的流水仿佛也被大雨激怒了，发出了阵阵咆哮，大雨夹着大风，啪啪打在雨伞上，我不禁大叫："爸爸，我害怕！"爸爸说："你看到前面廊桥上的灯光了吗？别怕！"于是，爸爸走在最前面，让我走在中间，妈妈走在后面。我们就朝着廊桥那微弱的灯火迈进。仿佛过了千年，我们才踏上廊桥的台阶，终于安心了。

哲思的田野

我和妈妈经常到田野散步。站在田野里，天空总是那么蓝，旁边的小溪总是那么澄澈。走在田埂上、稻田边，我经常能发现许多埋没在世俗中的东西。

在稻田里，有许多像蓝色小眼睛的蓝点，隐匿在杂草丛中，眨着眼睛在笑。这让我想起了一句背过的诗："待到山花烂漫时，她在丛中笑。"我蹲下来一看，原来是一种蓝色的小花！妈妈也蹲了下来，用手机软件搜索到了这种花的名字：阿拉伯婆婆纳。好美的名字呀！在稻田与梯田交界处，我发现了田里密密麻麻的、莲花似的、粉紫色的紫云英；在山崖一侧的田里，有许多藏身石头缝里，花瓣像粉嫩的蝴蝶的七星莲；往回走，就会发现路边不时冒出来的，大大的绿叶叶脉上长满可怕的尖刺的喀西茄……

这些花花草草世世代代生长在这里，它们还将更长久地生存下去，把无意义进行到底。

田野，美丽又哲学！

砍柴伐竹

奶奶家门口的空地旁堆满了爷爷去年从竹山砍下来的整根整根干透了的大竹子，爷爷说种竹子收入不高，改成种杉树了。于是，这些竹子就成了家里的柴。我们回来了一段时间，家里原先砍好的竹柴都快烧完了。爸爸说："来，我教你怎么砍柴！"这可是锻炼我臂力的活呀，我正想要有臂肌呢！我立马开心地找来柴刀开始干活。

我想给爸爸妈妈看看：我已经长大了！能独当一面了！于是乎，我找了一棵最粗的、最老的竹子下手。我努力地砍啊砍啊砍，可这竹子就是不断，让人十分生气。爸爸笑着走来，拿过我手中的柴刀，说："儿子，你的方法不对，要这样。""咚……"一刀，爸爸就把竹子砍断了。"看到没，我刚刚的角度以及抓刀的位置，都很关键。"爸爸又拾起另一根竹子，"我再演示一遍，看好了！"只见爸爸抓着柴刀柄接近末尾的地方，刀刃与竹子呈大约45度角，刀起刀落，一气呵成。

我迫不及待地从爸爸手中夺过了柴刀，挑了一根对我来说大小合适的竹子，砍了起来。"45度角，45度角。"我心里默念，将柴刀举到齐肩高，用刀下落的惯性以及手臂的力量，"咚……"，竹子断了！我高兴极了,在院子里上蹿下跳:"我成功啦!我成功啦!"接着,我趁热打铁,一鼓作气砍了一堆的竹子,直到我累得没力气了才罢手。

老家的竹林一片翠绿,风一吹,传来沙沙的属于竹林的动听的歌谣,还有一阵竹香扑面而来。每年回老家,我都会到竹林里挖冬笋,这可是人间美味呀。可惜今年是小年,没有冬笋可挖。我正遗憾呢,奶奶说家里的晒衣杆开裂了,想换一根。于是,爸爸带我到竹林里砍竹子给家里添置晒衣杆。

到了竹林,我们立马开始了工作。我们在林海中巡视扫描,寻找粗细合适、笔直且高矮合适的竹子。"就这根吧!"爸爸指着一根竹子说。"我来,我来!"我赶紧请战砍竹子。由于这几天我努力练习砍柴,使用柴刀对我来说就是小case,只要对准45度角,顶多两刀,就能砍断一根竹子。但是今天不一样了,我们不仅要砍竹子,而且要把竹子削得非常干净,不能有一根枝条或者叶子多出来。对于我来说,就非常考验耐心了。我将一根已经倒在地上的竹子扶了起来,把柴刀倒置,斜斜地往枝条刮去。刮完上面的,再把竹子转个方向,继续刮。竹子好沉啊,我一手托着竹子,一手刮竹枝,从竹尖刮到竹根,好多枝丫……我差不多花了一个小时才处理干净这一根竹子上面多余的部分。我的手又酸又胀,可我还是坚持自己把它拖回家交给了奶奶:"奶奶,我回来啦!你快来看呀!""哎哟,我的宝贝孙子,都能帮奶奶干活了!"听着奶奶的赞扬,我虽然累坏了,却有满满的成就感!

上山种树

一天早上，刚吃过早饭，就听到爷爷兴高采烈的声音："高高，爷爷今天买到杉树苗了，带你去山上看看，顺便把杉树苗种下去！"太好了！又可以去山上撒野了！我赶紧换上爷爷的雨鞋，在腰间绑好柴刀鞘，别好柴刀，拿上锄头，哼着小曲，跟爷爷和爸爸一块上山了。

走了好久，才来到我们自己的山林。站在山脚往上望，我感觉这座山非常陡峭，无论如何都爬不上去；特别是肩上还扛着一把锄头，这简直是不可能完成的任务！我将锄头斜背在背后，手脚并用，试图像壁虎一样爬上去。可是泥土又湿又软又滑，没爬多高就像滑滑梯一样滑下去了。别说，还挺好玩！我故意爬到一半就往下滑，滑了好几次，让裤子和衣服添了几道"美丽"的花纹。最后，爸爸等不及了，把我直接拉到了山腰的平缓处。接着，就开始种树了。爸爸说："种树首先要选一个合适的、平缓的地点，然后挖坑，要挖一个直径二三十厘米的、不大不小的坑。接着把树苗放在中间扶稳，把泥土填进去，踩平，就种好了。"我心想："好像挺容易的呀！就这么几个步骤，肯定难不倒我！"可是一旦开始行动，才知道世间万事大多听起来容易做起来难。我抡起锄头，用力往土里锄去，可是这个土块没有丝毫裂痕。我和这个土块杠上了，费了九牛二虎之力，土块终于被我挖掉了。可是在土里，不仅有土块，还有石头和树根。处理这些东西就更加费力了。疲累的感觉真有些"人牛力俱尽,东方殊未明"的味道。

爷爷、爸爸和我花了一上午的时间,总共种了47棵小树。其中有半数的时间是在山林里穿梭,寻找适合的地点,处理石头和土块。而我经常找机会偷玩"滑滑梯"。于我而言,种树也是一种苦中有乐的活动;不知道爷爷和爸爸是什么感受?

我是骑手

在老房子的后面,有一座大山。山上有一条用水泥铺的、十分宽阔的大路。

在山腰处,有一股泉水,总是潺潺地不断地流出来,不论旱季,也不论雨季。更神奇的是,村里的自来水一到大雨天就浑浊不堪,可是这露天的泉眼却始终清澈见底。村里许多人每天都特地来这里打水。山上的空气沁人心脾,呼吸一口,感觉身心都得到了洗涤。村里人都喜欢在这清幽干净的山路上结伴散步,口渴了,就到泉水旁喝一口水,又继续向前。

只要不下雨,奶奶和妈妈每天都在山间大路上散步。而我,最喜欢跟爸爸在山路上骑车。爸爸说:"儿子,走,爸爸骑电瓶车带你去山里转转!"坐在爸爸身后,只感觉道路两旁的绿色快速后移,凉风直吹膝盖跟大腿,既看不到美景,也感觉不到新奇。我要求爸爸让我坐在他前面,爸爸说:"你已经这么高了,要不你试试自己骑吧!""我自己骑?"我不禁紧张起来,"这可是电瓶车,会不会一不小心加速过度窜到山下?"爸爸安慰我:"别紧张,跟骑单车一样,只是动力换成电动的,来,这是油门,这是刹车,记住就可以了!一开始慢一点,我坐在后面保护你!"于是,我一咬牙,决定试试!我学电影里的主角,手腕握住油门扭了扭,车就"咻溜"一下跑出去了。我才开始学,对速度掌握得不太好,很容易把油门扭到底,导致车飞速地往前开。不过很快,我从恐惧惊慌变成了新奇,对这个速度越来越适应了,连刹车也不按。爸爸怕我这个新手翻车,大喊:"慢点慢点!前面有转弯!小心翻车!"我听了爸爸的话,按下了刹车,在一个山坳里将车头转了过来,掉头,慢慢地开回了家。

第二天下午,我午睡起床,发现奶奶和妈妈散步还没回来,便萌生了一个大胆的想法:自己骑电瓶车去找她们。我偷偷跑到爸爸的床边,把车钥匙拿了过来,走到车篷,将车推了出来。我跨上座椅,将钥匙插好,就向着山间大道开去。

这次,我感到前所未有的兴奋,感觉路上见到的一切都是新的。骑在车上,整个人都处于一种紧张状态:既担心见到奶奶和妈妈后会挨骂,又觉得很刺激。也就是这种心理,让我不像昨天那样莽撞,我慢慢控制着车速,一路慢慢悠悠向前开。奶奶和妈妈手上提着一大袋刚刚摘的橘子，正艰难地走在路上。妈妈看见我，非常着急："爸爸呢？你怎么可以自己骑车？多危险啊！"奶奶和妈妈都不会骑电瓶车，也不敢坐在我这个新手的车上，只好无奈地说："你自己骑回去吧，一定要慢点儿！"我赶紧跟妈妈保证："我一定小心，慢慢骑！"我心里感到庆幸，赶紧溜之大吉！

越骑越快的我，快乐不知时日。我不知道的是，这样的山居日子快要结束了。

鸭贼大战

终于要准备回广州了，奶奶开始忙活起来，她打算让我们带六只鸡回去。爷爷负责宰杀，奶奶用开水烫过把鸡毛拔干净后，就提着两个大桶，去河边清洗内脏。河水清澈见底，不时见到一群群小鱼在河边水草间游来游去，几只鸭子在河面悠闲地踏浪滑行。奶奶跟妈妈蹲在河边专心工作：奶奶负责给鸡开肚子，把内脏拿出来，妈妈负责清理内脏。妈妈不时扔一些内脏里的杂物给鸭子们吃，也许是一块肥油，也许是一条肠子……鸭子们"嘎嘎"叫着，拍打着翅膀，相互追逐着食物，互不相让，把河面踩出了朵朵水花。往往一条肠子这端在一只鸭子嘴里，另一端却在另一只鸭子嘴里，两只鸭子像拔河比赛一般，拼命用嘴把肠子往自己这边扯，我在一旁看得哈哈大笑，催着妈妈继续扔东西给鸭子吃。

鸭子们吃完嘴里的就开始在妈妈旁边巡游,妈妈还没来得及整理出给鸭子的食物,两只胆子大的鸭子却趁妈妈不注意,伸长脖子冲过来叼了一堆内脏快速拍着翅膀溜了。奶奶跟妈妈哈哈大笑:"这些小偷!算了,送你们吃吧!"这下热闹了,鸭子们"嘎嘎""嘎嘎"大叫,在河里快速追逐争斗,抢到了一口食物的就快速游开,躲到一旁囫囵吞枣般尽快吞下,再重新投入抢夺大战。最麻烦的是抢到小肠的鸭子,扁扁的鸭嘴不停地啜着长长的小肠,鸭脖子伸得直直的,吃得太急噎住了,就赶紧低头喝一口水,啜着啜着,小肠啜歪了啜到扁嘴的侧边,鸭子就马上甩甩脑袋,把小肠甩到前面,再继续啜。鸭子一边要应付吃小肠的种种麻烦,一边还要眼观六路耳听八方,随时提防其他鸭子的抢夺,那叫一个紧张刺激,惊心动魄!在这种惊心动魄中,我坐上了返程的车。

我挥一挥手,却带不走一抹山色。

最后的话

久居于城市,每日奔忙于学业,自顾尚且无暇,山居更是奢望。但因不得已之缘,让我拥有了这段山居岁月。心寄山间,我和山间的各种生灵对话,独与天地精神往来,然后看到了一个很不一样的自己。

见天地,见众生,见自己。

庆幸有个故乡,故乡有座山林,可以安放灵魂。

创办班报的故事
——自主、合作、探究的明晰个案

| 教学背景 |

我的写作教学策略可以简单归纳为"三结合":将写作和阅读相结合,将写作和活动相结合,将学生自由写作和课堂写作教学相结合。

我尤其重视学生的自由写作,基本上每两天学生就要完成一次随笔写作,很少规定题目。我认为随笔写作的要诀就是让学生胡乱想、自由写,目的是引导学生体验写作过程,形成写作经验,丰富写作积累,培养写作素养。

为了激发学生自由写作的热情,也为了搭建一个作品发布、交流的平台,我和学生商量办一份班报,每月出版一期。没想到,创办班报的过程也成了一次极有意义的语文学习活动,被广东省著名特级教师罗易先生誉为"自主、合作、探究的明晰个案"。

一、报名诞生

创办班报,第一个问题是要给报纸取个名字。我的要求是:每位同学要给班报起个名字,并对这个名字的内涵、命名的理由等进行文字说明,并设计出报纸的栏目名(200字以上)。

学生的作业收齐后,我认真阅读,进行初选,最终选出了六份候选作品,并安排入选的同学在语文课上进行宣讲,全班同学投票,票高者得。最终学生选出的报名为《壹境》,名字内涵如下:

"壹"是"专一"之意,指的是我们在人生的漫漫长路上,要对自己的目标保持专一,一心一意地追求自己的理想,同时也是我们一班的班名;"境"是"境界"之意,指我们做人做事要追求高境界,不落于俗套。"壹境"组合起来,既可以理解为我们一班追求的崇高境界或一流境界,又是"意境"的谐音,指我们写作要讲求意境,做人要追求意境,达到"非宁静无以致远"的伟大境界。

确定报名之后,学生还推荐成立了班刊编辑部,拟定了办报的办法和报纸的栏目：

《壹境》每月推出一至两期。所刊登的文章，一是由语文老师从同学们的随笔、习作、课前展示等丰富的资源中进行推荐，二是同学们的自由投稿。班报的后期制作，则由编辑部负责，编辑部的成员每期一换，力求每一位同学在毕业前都能参与一次班报的制作。

《壹境》将设置"班级史记""生活随笔""读书行走""青春诗语""征文选登"等栏目。

二、题写报名

报名有了，找谁题写报名呢？这是孩子们遇到的第二个问题。他们起意，想找著名的语文特级教师、书法家罗易先生题写。

罗老师是书法名家，想请他给一份班报题写报名，有难度，怎么才能成功呢？编辑部讨论后，决定由学生主编草拟一封中国传统书信。

学生拟写的书信如下：

罗易先生道鉴：

　　今岁夏日，先生莅临吾班教授书法一课，"世界的中心就在自己脚下"的教诲时时激励我等向前。在成就世界中心的学习之路上，吾等欲办班报一份，报名为"壹境"，初拟两周一期。报纸将成为展示一班同学文采与思想之平台，展示一班同学精彩语文生活之舞台。目前首期报纸编辑排版工作业已完成，独缺报名题字。久仰先生大名，欲求先生墨宝，以作报名之用。若您肯赐予吾班，同学必将欢欣鼓舞。以上请托，恳盼慨允。随信附班报初样一份，请您赏观。

敬颂教安！

初二（1）班班报学生编委敬上

二〇一五年十月二十三日

书信完成后，请班上一个擅长书法的女生用娟秀的行楷誊抄在红八行宣纸信笺上，并由班长面呈罗易先生。

罗先生收到书信的当天就挥毫题写了报名，并且写了三款不同的，供孩子们自行选用。

拿到题名之后，看着欢欣鼓舞的学生，我布置了当天的随笔作业，让学生思考探究，并把探究的结果写出来：1.为什么繁忙的罗先生会当即给我们题写报名？2.罗易先生为什么写三款？3.你们最终选哪一款，理由是什么？4.所题写的原件如何处理？

此事后续如何？编辑部照实记录，写成了班级史记第一回，刊登在班报第二期上。

三、班级史记

第一回　古书信讨字显诚意　班报喜获大师题字

话说二〇一五年九月间，丁老师建议全班同学创办班报一份，每人都草拟报名一个，后经全体公投，最终以"壹境"命名。

十一月初，第一期班报编辑部主编王本昊同学、编辑余詠诗同学与擅长书法的刘韵然同学一齐向著名语文特级老师、书法大师罗易先生撰写一封古书信求字。欲知详情，请听王本昊同学娓娓道来——

一封信的学问

我坐在书桌前，呆望着手机屏幕，面对着一个个群蚁排衙的闪闪发亮的小字，实在混乱得理不出头绪来。"信的格式——百度""古人是如何写信的——好搜网""古人写信的范例——搜狗"……我深陷在文字的旋涡中，渴望通过网络庞大的信息流寻找答案。

是的，我在写信。而且写的不是一般的信，而是一封给罗老师的信。

罗老师是我校最有名的语文老师，没有之一；还是一位大名鼎鼎的书法大家。我此次写信的目的，是作为班报的第一期主编向他讨字的。

事情很简单——我们班欲办班报一份，专登同学之优秀文章，现独缺班报标题之题字，欲求罗大师墨宝一份，以作报名。

可这件事如何用古人般精致、典雅的文字表达呢？毕竟我们是求大师的帮助，要拿出"程门立雪"般的诚意呀。

我在网上浏览着，试图找到古人写信的技巧。我越浏览下去，越发现一封信中隐含的学问之多。

古代正式的信一般分为几个部分：标题、称谓、敬语、正文、结语、祝福与题款。

单是称谓就有几十种，每种都对应着不同年龄、身份的人。如对父母，用"膝下"；对身份高的人，用"垂鉴"；对老师，用"道席"……我在浏览了许多资料后，觉得"道席"较合适，因为它表达了对老师的尊敬。我又看见毛泽东给他的老师的一封信中用到了"夫子道席"这个称呼，便如法炮制，最终把称谓定为较为典雅的"罗易老师夫子道席"。

第二天，我把推敲了一个晚上的信交给了丁老师修改。丁老师特别在信中加入了罗老师去年给我们上书法课的情节，尤其是教诲我们的那句话——"世界的中心就在自己的脚下"。

我印象极深的，还有丁老师对信中称谓的修改，他把"夫子道席"改为"道鉴"。"道"为德高望重之意，"鉴"古指镜子，又指观赏，"道鉴"则为"请德高望重者观赏"之意，这样既避免了冗长，又谦逊典雅，实是神来之笔，"未复有能与其巧者"。

看来，短短一封信中竟有这么多的学问，如果我无幸拾笔一写，或许还真无法领会到其中的美。语文就是如此，生活处处皆语文，就连一封信，要想写好亦不容易。

后来，班报编辑部将誊抄好的信亲手交给了罗老师，正如信上所写，他"所请之事，一概慨允"。就这样，一件看似不可能的任务胜利完工了。

或许，这也算是一种实践中的学习吧。

主编阐述完毕，请听旁观者张睿涵同学对此事的看法——

关于罗易先生和班报题字那事儿

对于咱班班报的事儿，我本是不大关心的。只觉得当作个玩笑，说说罢，笑笑罢，却没想到，当我还在迷糊之时，大伙已把名儿敲定了：壹境。

这应该算是个好名儿，大伙急找人题字。这学校里书法写得最好的老师，我们都晓得，是罗易老师，大家都叫他"罗大师"。其实我们与他只有一面之缘的，而且距今尚不是很久，那是上学期一节语文老师给咱们另加的书法课。

当时我听到他要来讲课之时，有些许好奇，又有些许敬畏，只因听说他的字是千金难得的。他在课上是个手舞足蹈的人，教咱们如何写好自己的名字。具体讲了些什么已记不了，但我记住了这位大师，不过我还是喜欢叫他"先生"。

大伙决定了，就找这位先生题字。一位同学有模有样地修书一封，措辞精当，语气诚恳；又找了一位同学用毛笔在黄黄的宣纸上誊抄好，另一位同学就带着信与样刊一并去找先生了。

听说是放学后去找的。我疑心那是个阳光很好的下午，先生应该在某个洒着阳光的书案上练字。房间里氤氲着淡淡的墨香，先生出神地写着，时而龙蛇笔走，时而细细雕琢，时而皱眉沉思，时而欣然微笑。先生被围簇在一卷卷泛黄的宣纸中，仿佛无处容下自己的身，墨香飘落在书卷上……那情境，想必是美得令人神往了。再看纸上的字，儒雅敦厚而不失灵气，工整平稳而不缺变化，横平竖直，刚柔并济。虽然这仅是我心中，幻想的模样，但我相信先生的确是如此。他的眉宇间流露出慈祥之意，举手投足间表现出不凡的气息。

自从我与先生之初见，我就觉得他大概是个笑口常开的有趣之人，也裹着一身中国文人特有的气质，平易近人。也怪不得了，不然先生又为何名曰"罗易"呢？

先生答应了，我疑心他是很高兴地应允的。他即刻就握笔横挥，用三种字体写下了恢宏大气的六个字。有人可能在想，为何先生要写三次，且还用三种不同的字体来写？是让我们比对呀，是说"三"字有何特殊的含义与象征呀，还是说要求我们写文章得达到多种不同的高尚境界呀……而我反倒觉得这些猜想也未必有必要了罢，可能这就是先生的随性而为呢？这竟又使我觉得先生之有趣了。

好罢，满足了大伙的渴慕之心后，这三个"壹境"该如何处理呢？我觉罢，如果舍去其二，就不免有些可惜了。要不就轮流着用，三种字体毕竟风格情调都是不一样的，可以结合时节的冷暖、内容的风格而定。

想到这儿，我也觉得这事儿之有趣了。

事后，罗易先生评论说：这一活动是一个"自主、合作、探究的明晰个案"。为何如此说呢？罗先生解释道：

其一，学生立意找我写报名——这不就是自主吗？

其二，长于写文章者起草约请信，长于书法者抄写信文，长于交际者呈信面请。三人各施所长，并力成事。——这不就是合作吗？

其三，第二天取到三款报名后，展开总结研究：为什么繁忙的先生会立即为同学们题写报名？先生为什么写三款？最终选用哪一款，理由是什么？所题写的原件如何处理？研究后还要撰写成文。——这不就是探究吗？

一张小报，却能吹皱一池春水，把我们带动起来，同学们有主动的自主学习，有合作分工，有探究与思考，最终还有文章这一成果，我们所收获的远远多于课堂上老师教的。

读书、读人、读万物

——记一节特殊的语文课

作为带队老师，有幸跟随学校合唱团到国外交流演出。到达的第二天，合唱团谢明晶指挥就和我商量，作为一个在国际合唱比赛中多次夺冠的中学生合唱团，孩子们缺的不是演唱技巧，而是人文素养，孩子们的内心还不够丰富，对作品的理解有时还不够深刻，所以希望我能利用某一个晚上的时间，和合唱团的同学们做一次关于阅读、写作、旅行感悟方面的分享。面对如此用心的谢指挥，我不好推辞，只得勉为其难，决定和孩子们聊聊读书。

我讲，孩子们听。这也算是一节特殊的语文课吧，故记之。

😀 导入语

好多事一旦和读书联系在一起，就会变得特别美好！比如在一个慵懒的午后，我们躺在庭院的躺椅上或者客厅的沙发上，手里拿着一本书随便翻阅，翻着翻着，我们就睡着了。我觉得午后这样的睡觉就特别美，因为它和阅读有关。

当然阅读之美，更在于其对人精神美的培育。有很多这方面的名言，比如"一个人的精神发展史就是其阅读史""腹有诗书气自华"等等。的确，一个爱阅读的孩子，见识和格局是不一样的，他的知识面会更宽广，语言会更丰富，视野更开阔，待人处事更有礼节，思辨能力更强……

但认真想想，人这一辈子真正能静下心来好好读书的时间，其实并没有我们想象的那么多。所以读书趁年少啊。下面，我将和同学们聊聊我的少年阅读时光，还有理想的阅读应该是怎样的……

💬 话题一：怀念那段快乐阅读时光

我是"70后"，我们这一代的阅读记忆必然是和小人书分不开的，我小时候有一箱子小人书，是我们村同龄人里面藏书最丰富的一个，也因为这个成了孩子王，这是我第一次感受到书就是力量！从读小人书进而到看评书、唱本，比如《杨家将》《呼延庆打擂》《大八义》《小八义》《七侠五义》等，这也是当时农村孩子能接触到的书。我读这些书，主要是被故事吸引，那时没有网络，没有电子游戏，最吸引我的就是"欲知后事如何，且听下回分解"，虽然只是关注故事情节，但这些书中关于忠奸、善恶等道德的种子在潜移默化之中种在内心。

我读的第一本纯文学书，是张恨水先生的《天河配》，可能在座的同学们都没听说过这本书。张恨水先生的作品也属于通俗文学中的，但他的作品毕竟和我之前读的评书、唱本不一样，是新文学和传统的通俗文学的融合。《天河配》是我父亲进城时买的，估计他误以为是写牛郎织女故事的。顺便插一句，我父亲是小学文化，我小时候接触到的小人书、评书等其实都是父亲的读物。《天河配》买回来后，印象中父亲翻了一下就没看了，因为这本书写的不是牛郎织女的故事，而是二十世纪二三十年代一位当红的戏剧女演员和一位小公务员的爱情婚姻悲剧。我纯属暑假无聊，实在无书可读，在饥不择食的情况下读的这本书，并且那个暑假还读了几遍。我第一次感受到，原来除了故事，书里还有一个更广阔的世界在召唤着我，比如这本书里对民国时的社会风情的描绘，城市名伶在农村生活的种种不适应、一对相爱的年轻人在新旧时代变革期的追求以及最终的悲剧等，这些与我之前的阅读完全不同，但因为无书可读，我被迫读进去了，然后发现这样的书竟如此吸引人。受这本书的影响，上初中后我还专门去省城的书店购买了张恨水先生的《巴山夜雨》《五子登科》等书，开始了从一本书走近一位作家的阅读之旅。

我现在很怀念那时候的阅读时光，因为那是一段非功利心的阅读时光，那种阅读的快乐与考试与功利无关，纯粹是阅读的快乐。就像我们合唱团的同学，不要把合唱当作某种功利的敲门砖，我们应该是真正的喜欢，让合唱成为我们纯粹的快乐和享受。当然，也希望同学们能爱上阅读，也能拥有纯粹的快乐阅读的时光。我觉得我们的人生是需要这种快乐的，并且，这很重要。

💬 话题二：理想的阅读应该是怎样的

有很多同学问我，理想的阅读应该是怎么样的？这个问题当然是仁者见仁，智者见智的。我个人觉得理想的阅读应该是包含着"引进"与"输出"的双过程。引进：自我阅读，产生困惑，得出感悟。输出：将阅读困惑、阅读感悟，通过语言表达出去，将知识融会贯通。在"引进""输出"的不断循环中，阅读者发生思想碰撞、产生情感交流，并不断内化提升。所以说，阅读不仅仅是读书，更多的是聆听和交流。阅读有识，交流求悟，通过交流，可以实现阅读的升华，所以我们要重视阅读交流。

我和很多人一样，提倡大家在广泛阅读的同时，一定不能忽略阅读经典。因为经典是人类文化的精华，读经典犹如和过去最杰出的人物促膝交谈。我们都想让自己的思想变得深邃，那么读经典就是一条可行之路径，因为我们是站在巨人的肩膀上，可以借助这些思想家的思想让自己的思想开始生长。

　　经典是常读常新的,在阅读经典的过程中,我们要尽可能读出新的发现。比如我和学生一起读《西游记》,我们最终从孙悟空的身上读出了生命成长的艰难和复杂。在成长的道路上我们永远面临着自己内心的挑战,一方面希望保持自己鲜活的个性,另一方面必须在社会规则允许的范围内做事,如何在现实规则的制约下寻求和发展自己,是我们一生的追求。我们从孙悟空身上也许会看到自己成长的影子,并深深感动。

　　这就是经典阅读的魅力!

💬 话题三:阅天地,读万物

　　阅读,并不局限于读书本。读人、读事、读万物、阅天地,这些都是阅读。我希望同学们在面对这个世界的时候要永葆好奇心,多问点为什么。比如我们在旅行的过程中,有没有问问你感兴趣的花草叫什么名字,有没有问过一座山的名字,有没有问过一条河的名字?我们想问,是因为想了解它们并与之建立联系,是因为重视它们,而重视的背后是我们对万物的深情与尊重。希望大家都能成为一个与万物深深契情的人。

　　同学们,前几天我们住的那家酒店紧邻碓水川畔,每天清晨万物初醒时分，你有去和这条清溪对谈过吗？日本著名和歌作家若山牧水在90多年前曾在这个酒店住过12天，并留下了诗文，他的歌碑就在酒店大门口，你有关注到吗？还是那句话，未经凝视的世界，是没有意义的。希望同学们学会凝视这个世界，然后发现这个世界的美与奥妙。

最后，我想用我今天早上写的一篇短文结束今天的分享，这篇短文写的就是我前两天与自己的对话，与花草的对话，与山河的对话，而这一切都是我们刚刚共同经历过的生活。

碓水川畔

丁之境

我们应该去凝视

那些看不见的山脉

你能抵挡孤独吗？

——若山牧水

在日旅居的第一个早上是被蟋蟀声叫醒的。

拉开窗帘，潺潺的水声不迎自来。原来一条清溪就在窗外,近在咫尺,触手可及。凤仙花和青草恣肆地生在河边,草丛里应该是蟋蟀们自由而欢快的家。听蟋蟀之音而知秋,昨天刚刚处暑,莫非就迎来了秋?

蟋蟀声里还混着潺潺的流水声,在这沉睡静谧的清晨,混成最美妙的和声。太阳出来了,照在流淌的河水上,小河便闪耀着金属般硬硬的冷冷的光,因为这流淌的乐音,小河俨然是一架天然的钢琴了。

我走出门去,溯游而上。路边的青草尖上闪耀着颗颗晶莹的露珠,岸边没有苍苍的蒹葭,只有青草上的白露——白露,还未凝霜。

岸边,处处可以看到紫薇。紫薇还在盛放,粉红色的花,在每根枝条的顶端,一嘟噜一嘟噜地秀着自己的气场。还有枫树,小叶的那种,秋风还没来得及浸染,但有些叶子已经迫不及待地开始变红了。昨天才刚处暑啊,枫叶为何如此着急呢?

河湾处,没有了河道的落差,水面平静如镜,映着岸上的茂林修竹,此时什么声响都没有,连潺潺的声音也听不到了。我的闯入不知是否造成了一丝声音的涟漪,不知是否打破了这一晨的静谧?

在这沉睡未醒的清晨,我一个人溯游而上,在异国他乡邂逅一条河、一岸修竹、一片静谧,还有河流源头的静默的群山。

我喜欢这样的静默,我喜欢这样的独处。

现在的世界太过喧嚣了,静默竟成了一种奢侈。

现在的人心太过浮躁了,独处竟成了一种奢望。

时光太瘦,指缝太宽。

昨天才刚刚处暑啊,今天怎么就感到了秋的寒?

身边的河水依然不停歇地流走,逝者如斯夫!

逝者如斯夫,我已经好久没有自己和自己待一会儿了……

语文的力量

读者见面会在购书中心的二楼，还有五分钟就要开始了，我还走在购书中心对面的马路上。上课准时惯了，不迟到，似乎也成了一种病。

走在秋风里的我，走得一身热汗，一身燥热。因为急，我甚至忽略了一楼大堂里英语补习机构招生宣讲声的高昂与亢奋。二楼的会场不大，并且是开放式的，四周就是销售书籍的书架，书架与书架的行间是或站或坐的读者。靠墙的书架前挂着一个投影幕布，幕布前放着两张木桌和两把木椅，正对木桌摆着三十多张折叠椅。会场中没有我想象中的人头攒动，座席上稀稀拉拉坐着十来个人，其中还有几个明显是来书店看书看累了，因地制宜找张椅子休息的。

这么冷清的会场，还是第一次遇到，心里的燥热又多了一分。一楼补习机构的喇叭声似乎更亢奋了，简直要掀翻购书中心六楼的屋顶。

"就算只有一位读者，今天的活动也是要进行的。"内心的声音让我的燥热渐渐冷却下来，"给他们上一节语文课吧，就像在自己班一样。"我在心里思忖着，也决定着。

一节特殊的语文课就在人流不断的购书中心二楼开始了。

"在座的大朋友和小朋友，大家都上过语文课，谁能告诉我语文是什么？"我微笑着开始提问。

没想到第一个举手的是一位母亲，初中生模样的女儿一脸不情愿地坐在她身边，估计是被母亲强行拉来的。这位母亲用粤式普通话告诉我："语文是用来交际的……"女儿可能觉得母亲的声音不漂亮，一直把母亲的衣襟往下拽。人到中年的母亲很努力地断断续续地回答着我的问题。我知道，这位母亲，正在用她的勇气和努力告诉女儿，主动学习应该是什么样子的。

后面举手的有大学生模样的青年、带着孩子的夫妇、小学生样子的少年，我们从书面语、口头语、文字、文学、文化、语言文字运用等角度交流对语文的认识。我小结的时候，和大家分享了我对语文的认识：从课程标准的角度看，语文课程是一门学习语言文字运用的综合性、实践性课程，语文学习首要的任务是提高学习者运用祖国语言文字的能力，并在此基础上培育自己的语文核心素养：语言的建构与运用、思维的发展与提升、审美鉴赏与创造、文化传承与理解。所以，文学、文化也必然是语文不可分割的一部分，那些中外的文学经典、各国的优秀文化不但滋养孕育着过去与现代人的精神生活，而且对我们的未来发展也具有不可替代的作用。

在谈到我们为什么要学语文这个问题时，我说："语文学习的核心目的是提高自己语言文字的运用能力，同时也是为了提高自己精神生活的质量，升华自我，感悟人生，构建自己的精神家园！每一个人都有自己的家，但是不是每个人都有自己的精神家园呢？未必。或者说你有自己的精神家园，但是不是每个人的精神家园都那么富足呢？也不一定。有些人的精神家园可能是很贫瘠的，有些人的精神家园可能是非常富足的。我们要通过语文学习，让我们的精神家园变得富足起来。从这个角度看，在语文学习中培养的素养的确是最有可能陪伴我们每个人终身的。所以，语文学习，应该要从大处着眼，从培养一个内心充盈、精神明亮的人的角度来看待语文学习和语文教学……"

在和现场听众交流的过程中，我发现围观的人渐渐多起来，会场的空椅子越来越少，不知什么时候就坐满了。没有椅子的，就在旁边站着，像极了屏风，把我们围在了中间。

我们应该从大处着眼来认识什么是语文，为什么学语文，但语文怎么学才能学好呢？我建议大家从小处入手来学习语文，怎样理解从小处入手来学习语文呢？

我说阅读要善于从"微言"中读出"大义"。我和大家分享我是如何和我的学生一起读王绩的《野望》这首诗的。我们从诗句中读出诗人情绪流遇到的阻碍，从这阻碍处深入进去，读出诗人虽隐居乡野但却永远无法融入乡野的苦闷与焦灼，这是历代文人咏归的心态与处境，也是现代人永远追求"生活在别处"的精神困境。唐朝初年诗人王绩的一首诗，现场很多人之前没有读过，但是今天他们和这首诗相遇，并且从中读出了自己。

第一排一直低头看书的中年大叔，在我带着大家一起探寻文本奥秘的过程中，慢慢合上了手中的书本，开始认真聆听了。刚才一直在拽母亲衣服的初中女生开始回应我的问题了。会场内，似乎有一股神奇的力量在影响着每个人。

我看了看时间，时间过得真快，一个小时已经过去了。我担心现场的听众会中途离场，毕竟在这忙碌的时代，在这繁华的都市，每个人的时间都是极其珍贵的，只是路过的邂逅，怎么可能把一个周末的下午送给我？可是阅读分享完了，会场里的人没有一个离开的，座位还是满满的，外围站的人似乎更多了。

我开始和大家聊写作，我说写作的要义在于学会凝视世界，培养生命的敏感，生活本身永远比小说更精彩，很多人对写作无感的背后不是他们缺少生活，而是不会凝视生活。就写作而言，原生态的生活是写作的终极来源，但未经凝视的世界是毫无意义的。唯有凝视，才有可能观察和审视，才有可能有新发现。我们要有一颗善于发现的眼睛，要打开敏感多情的内心，从而让自己从看似平淡无奇的生活中、从凡人琐事中发现有价值、有意义的东西。

我还告诉现场的朋友，写作是随时随地都可以发生的，不要以"端着"的态度来仰视写作。比如我们大多数人喜欢发朋友圈，这就是日常写作啊。只是会写作的人，发的朋友圈语言雅致、思想别致，让人忍不住点赞。我展示了我发的一则朋友圈：暑期返乡，高温酷热，太阳高悬，村民皆回屋避暑，庄稼叶均干旱卷曲。傍晚时分，暑热稍退，孩童纷纷出来玩耍，我写诗记之：声寂村巷旷，叶卷恨骄阳。日斜篱影落，儿童嬉戏忙。

我说，希望我们在表达时，语言尽量雅致一些，思考尽量深刻一些，这样你的生命姿态会显得与众不同，更有书卷味，更有气质。

前排之前在低头看书的小伙子，不知什么时候被我的课给吸引了，不仅认真地聆听，还忍不住低声赞叹："这样都行？这也太牛了吧……"

是啊，这就是语文的魅力！当我们学会了用眼睛发现生活，用心灵热爱生活，用文字记录生活，用思想点亮生活的时候，我们会发现我们的个体生命也因为言语的表现与存在而充实、丰盈、高贵。

课上完了，很多人拿着《语文·生长》排着队找我签名。排在最后的是坐在第一排的那个20岁左右的小伙子，他买了一本《语文·生长》，还有一本我主编的《〈朝花夕拾〉同步导读》。我觉得这两本书并不是特别适合他，估计他应该读大学了。我问他："你为什么要买这两本书？"他告诉我说，他以前从未喜欢过语文，也从来没有觉得语文有趣过，但今天听了我的课，他觉得自己有点喜欢语文了，所以想买来看看。临走时，他问我："老师，我以前没有好好学语文，现在只是读了一所高职院校，我现在开始阅读和写作，还来得及吗？"

现在开始阅读和写作，还来得及吗？这是一个年轻帅气的小伙子急切的发问，这个问题可能他从来没有问过自己，因为他从未感受过语文学习的乐趣。

还来得及吗？

我在心里问自己。

从功利的升学角度看，确实晚了点；但从一个人生命成长的角度看，阅读和写作是可以陪伴我们终身的，只要开始，就永远不会迟。

所以，我很真诚地对他说："来得及，一定来得及的！加油！"

看着小伙子的身影消失在书架之间，我又听到了楼下补习机构嘈杂的话筒声。很奇怪，刚才的两个小时，我怎么没有听到呢？

也许，这就是语文的力量！

★作者导读 ★技能指导
★行业资讯 ★专业社群

教学艺术不在于传授的本领,而在于激励、唤醒、鼓舞,旨在唤醒"沉睡的人",鼓舞人的"生气勃勃的精神"。
——德国教育学家 第斯多惠

辑二 语文生长之策

追求"言文共生"的文言文教学

对于语文学习,中学生当中曾流行一则名为"三怕"的顺口溜,叫作"一怕文言文,二怕周树人,三怕写作文"。文言文居"三怕"之首并不奇怪,因为随着社会的发展、时间的推移,文言文中相应的文化背景、历史条件、社会形态与我们现在的生存环境相去甚远,文言文表达形式、表现方式、字词意思、词法语法与现代汉语更是迥乎不同。无怪乎有人说,文言文对现代人而言不亚于第二外语。

当代的青少年学习这些古老的语言、文章还有价值吗?语文老师教授文言文还有必要吗?对此问题,著名的中学语文特级教师韩军多年前就给予了坚定且振聋发聩的回答:"没有文言,我们找不到回'家'的路。"是啊,一个民族、一个国家,必须知道自己是谁,从哪里来,到哪里去。

文言是中华民族延续使用了几千年的一种书面语言,而白话的诞生至今不过百年。经过几千年发展的文言已经在我们民族的语言里积淀了太多太多极富表现力的典故、词汇、辞章,现代汉语的基本语汇几乎是依附、脱胎于文言的。据调查,古汉语常用字(1082个)的92%仍旧保留在现代汉语中,也就是说古汉语常用字仍以强大的生命力存活在现代汉语中。更何况当年提倡白话文、反对文言文的陈独秀、钱玄同、胡适、鲁迅等文化巨人的文化素养、语言功底哪一个不是幼年时在文言文的酱缸里浸润而来的?所以,教授文言文的第一价值就是让学生继承前人创造的优美语言文字成分,从中吸纳丰富、鲜活的语言营养,来滋润自己的现代语言。

文言文不是一个个冷冰冰的文字符号的排列组合,而是中国古代优秀知识分子生活、情感的记录,是中国先人真实生活的再现,可以说每一个字都是有生命的,都是有温度的。尤其是选入语文教材的文章大多讲究炼字琢句,用典采韵,读起来音韵和谐、朗朗上口,便于记诵,并且里面包含着很多优良的传统文化。像屈原、司马迁、李白、杜甫、苏轼等先贤,用文言构筑的诗文,就像灿烂辉煌的精神灯塔,照彻前年,沐浴古今。学习、背诵这样的篇章,从大的方面来说可以增进学生热爱祖国语言文字和优秀文化传统的感情；从小的方面来说，可以为学生今后的成长打下精神的底子，陶冶性情、历练品质，同时还可以提升学生文学品鉴的能力。

文言文还体现着我们民族的传统思维方式。中国传统思维方式具有永恒的魅力，是东方智慧的不竭源泉。比如象思维——观物取象，以象尽意——汉字、绘画、诗歌、先秦散文；类比思维——《周易》《老子》《庄子》《孟子》《韩非子》《荀子》等先秦散文中比比皆是；再比如寓言说理、比喻说理、类推说理等。通过文言文的学习，带领学生去触摸这些隐藏在字里行间的思维方式，无疑是非常有意义的，对于学生思维能力的发展、创新能力的培养有着非同一般的意义。

2014年9月9日，习近平总书记到北京师范大学看望教师学生时说，"我很不赞成把古代经典诗词和散文从课本中去掉，'去中国化'是很悲哀的。应该把这些经典嵌在学生脑子里，成为中华民族文化的基因"。

中华民族文化的基因很大一部分是镌刻在那一部部文言经典中的，它应该被代代相传，因为如何对待传统，就是如何对待明天。带着学生读好文言经典，我们语文老师责无旁贷！但我们的文言课堂又是怎样的呢？

最常见文言文课堂是这样的：先介绍作者、时代背景，接着范读正音、逐词逐句地串讲，最后进行内容分析。不知从什么时候开始，语文老师似乎约定俗成地把文言文教学等同于古文字知识、古汉语词汇、古汉语语法知识的教学，再加上应试的需要，一味地强调字字落实，句句翻译，教学方法基本上是串讲到底。这样的文言文教学，文学的韵味没有了，文化的积淀没有了。这样的文言文教学，给学生的印象便是枯燥的翻译、背诵、默写，学生完全被"牵着鼻子走"，主体意识被冻结，体验不到学习文言文的快乐，久而久之，他们对文言文学习只能敬而远之，甚至惧而远之。

当然这样的课是家常课，比赛课、公开课又是另外一个模样：基本不管"文言"的教学，片面追求文言文教学的文学化和人文性，老师高谈阔论，学生听得津津有味，但合上课本却一无所获。

只见"言"而不见"文"的文言课堂走向了死寂，只见"文"而不见"言"的文言课堂走向了虚无。

中学阶段的文言文教学，其最重要的目的是培养学生初步阅读古代典籍的能力和审美能力，从经典美文中欣赏、吸收我们的传统文化，并将之发扬光大。要达成这个目的，必须兼顾"言"与"文"的统一，既要重视必要的古汉语语言知识的教学，也要重视文章思想内容、文化意韵、优美意境、文学艺术的教学。只有将二者统一起来的教学，才能使我们僵化的文言文教学灵动起来，才能使学生感受到文言经典的温暖平和、朴素可亲。

文言文教学如何做到"言文统一"呢？简而言之，我们应该以诵读为基础，铺设由"言"到"文"的平台；以词句、文意的理解品析为抓手，架起由"言"悟"文"的桥梁。下面，具体介绍几种有效的"言文统一"的文言文教学方法。

💬 主问题带动法

课眼，是在把握文脉基础上提炼出来的能够建构有序的课堂教学内容的主题词，它也许不是课文的重点、难点，却是咽喉要冲。在文言文教学中，认真研读文本，分析作者的行文思路，我们就能发现许多文章都有这样的课眼。依据课眼，教师可以设计出支撑整堂课的"牵一发而动全身"的主问题。正如特级教师钱梦龙所言："我们要努力在每一篇课文中找出合适的一个问题、一个情节或一个句子，甚至是一个词来作为分析的口子，由此入手，带动全篇。"在文言文教学中，认真研读文本，分析作者的行文思路，我们就能发现支撑整堂课"牵一发而动全身"的主问题。如司马迁《陈涉世家》中的"会天大雨，道不通，度已失期"一句中的"会"字，"会"为"适逢，恰巧遇到"之意，围绕此字我们可以提出一个问题：陈胜、吴广起义是恰巧遇到大雨才爆发的吗？让学生围绕此问题从文中找依据展开辩论。"会"字这个课眼就可以把起义的思想基础、根本原因、高超策略、人民拥护等内容贯穿起来。

主问题带动法非常有利于"言文统一"的文言文教学。通过主问题的带动，可以把"言"和"文"很好地结合在一起，从而实现"言文统一""言文共生"的文言教学。比如在《愚公移山》一课的教学中，教师就以"吾与汝毕力平险，指通豫南，达于汉阴，可乎"句中的"平险"二字为课眼设计了这样一组主问题：愚公为什么要"平险"？哪些人加入了愚公的"平险"队伍，"平险"的过程是怎么样的？周围人对愚公"平险"的态度如何？愚公"平险"的结果如何？要求学生思考以上四个问题，并直接用文中的语句来回答。

在解答这四个问题的过程中，顺势落实了课文的重点实词、重点句式等文言知识，并且让学生理解了课文内容和寓意：愚公"平险"面临着一个艰巨的任务，但为了乡人出行之便，愚公毅然决然带领着一支力量微弱的队伍，经过长期的努力，取得了最后的胜利。最终"平险"成功说明：无论多么困难的事情，只要有恒心，有毅力，下定决心，坚持奋斗，就有可能成功。《愚公移山》集中体现了以"知其不可而为之""天行健，君子以自强不息"为代表的积极、雄健的民族精神。这样的解读也许更接近文本的原味和内核。

语文的人文价值是由语言来负载的，所以在主问题引领学生学的过程中，还要注重以语言为核心回归文本，引领学生感受课文文学的韵味和丰厚的文化内涵。比如讲到"甚矣，汝之不惠"这个倒装句时，教师不能停留在只让学生知道这是一个倒装句，可以翻译为"你太不聪明了"这个层次上，而要启发引导学生明白语言中有时刻意地追求倒装句式，是为了强调谓语的作用。然后，再让学生尝试用倒装句式"太不聪明了，你！"来翻译这句话。两种译法都很准确，但后一种译法更能刻画出智叟似智实愚、自以为是的形象。

当学生因"文"趣而观照文本时，就会主动破除"言"之障碍，解除"言"之障碍的过程，就是融"言"于"文"、"文""言"相生相融的过程，也是学生汲取作品文化内涵，使之内化为自己积淀的过程。

💬 关键词串联法

这里所讲的"关键词"和上文提到的"课眼"不同之处在于：课眼通常是一个，围绕课眼可以设计出支撑整堂课的主问题；而关键词通常是多个，围绕每个关键词都可以设计出有价值的问题，这些问题共同作用，才能建构有序的课堂教学内容。在文言文教学中，如果在文本中找不到课眼，我们可以尝试恰当地运用关键词串联法来串联起文言字词知识及对课文的分析，从而实现"言文的统一"。

比如《小石潭记》一课的教学，可以抓住全文的两个关键字：乐、凄，以此为线索贯穿教学始终。"乐"是作者见到小石潭后的直接抒情，围绕"乐"字，让学生在课文中寻找作者内心之乐的句子，在引导学生品读这些句子的过程中落实重点字词，体会作者发现小石潭之乐、赏鱼之乐，学习移步换景、特写镜头等写景方法。围绕"凄"字，让学生在阅读中感受小石潭位置之幽僻、气氛之冷清，作者内心之落寞失意。"凄"是作者内心深处最真实的情感体验，暂时的"山水之乐"一经凄清环境的触发，被贬谪后的落寞失意终究无法摆脱。对文章中"乐与悲"两种情感关系的理解是全文的重点，也是难点。在理解文本的基础上，可以适当介绍写作背景，引领学生理解到作者的"乐"是"凄"的另一种表现形式，寄情山水之乐，只是暂时排遣内心落寞的方式，以乐写凄，愈见其凄凉。

在理解了作者情感主基调后，再让学生去关注文章最后一段，思考一个问题：与作者同行的有五个人，为什么第四段还要说"寂寥无人"？结合课下注释和教师的补充材料，让学生了解到这五个人都是柳宗元的至亲好友，最亲的人在身边，作者却依然觉得"寂寥无人"，可见他内心的凄凉、孤独之深。文章的结尾貌似闲笔，却反衬出了作者内心的旷世孤独。

围绕着这两个关键字讲解，不仅能很好地串联起文章的内容，而且能帮助学生在联系课文情境的情况下落实、理解文言字词，在分析情节中体会作者用词用语之妙，最终体会到情景交融中的"乐"与"凄"。在文言文教学中，教师若能够抓住课文的关键词，以点带面，以粒串线，就能引导学生逐步分析文章，主动寻求和思考文言字词的解释、文言句子的特点，引导学生读出文言文的整体性，从而实现"言文共生"的教学目的。

😊 "活动"带动法

"活动"带动法是指在老师引导下，通过学生的主体活动和主动探索，结合语文感知学习，发展学生的整体语文素养的一种教学方法。文言文教学中，恰当地运用"活动式"教学法，通过各种有效的活动可以实现"言文的统一"。

比如《曹刿论战》一课的教学就可以采用"活动式"教学法。"活动式"教学法一般需要学生在课前为课堂活动做好前期准备，教师可在课前布置这样的预习作业：凭借工具书和课下注释自学课文，围绕"鲁庄公鄙"和"鲁庄公不鄙"两个观点准备自由辩论。在课堂辩论环节，要求每一位辩手的发言必须遵循以下格式：观点是_____，文中可以支撑自己的观点的词语或句子是_____，先解释句意，再分析。这样可以确保在辩论中既落实相关文言知识，又分析人物形象，理解文本的思想内容，从而使学生的能力得到提高。本课的教学内容与教学方法的选择，尊重了课文的文本的特质——对庄公的评价历来都有分歧。从这个特质出发，采用课堂自由辩论的形式展开教学是一个不错的选择。

💬 基于上述方法的教学变式

好的教学方法一定不是僵化的、一成不变的，它应当是经过适当的培育修枝，还可以嫁接出新枝，结出新的果实。我们在具体的教学实践中运用上述教学方法时，可以做适当的变化，重新组合，甚至有新的"言文统一"教法的产生。

比如《答谢中书书》一课的教学可以采用主问题带动法与"活动"带动法相组合的教学策略，课堂前半部分让学生围绕课文首句"山川之美，古来共谈"自读课文，说说美在何处，在此过程中落实文言字词、课文内容理解、文章写法分析，课堂后半部分结合学生阅读中的困惑设计一个活动：寻找文本中的蛛丝马迹，破译千年前的心灵密码——谢中书到底给陶弘景写了一封怎样的来信？在这个过程中，引导学生合作探究，去感受自我发现之美，深入理解作者的思想感情和文字背后的深意与魅力。

文言文是我国古代留存下来的优秀文章，里面饱含着作者的情感，承载着民族的文化。著名特级教师黄厚江是这样界定"文"与"言"的：文言文教学中"文"的内涵应是文章、文学和文化，而"言"则是指词语积累、古汉语语法、诵读方法、文言语感。由此可见，不论"文"还是"言"都是文言文教学不可或缺的内容，以"文"带"言"，"文""言"并举是文言文教学的必由之路。希望我们的文言文课堂能流淌着浓浓的语文味，在理解文章思想内容、感受文化意韵、体会文学意境的过程中完成词句的学习，最终培养起文言文的语感，形成阅读的能力。

例谈语境理论在初中语文阅读教学中的运用

在言语交际中,语境对话语意义的恰当表达和准确理解起着重要的作用。离开语境,只通过语言形式本身,说话人往往不能恰当地表达自己的意图,听话人也往往不能准确理解说话人的真正意图。因为要准确地理解话语所传递的信息,仅理解言语形式的"字面意义"是不够的,还必须依据当时的语境推导出言语形式的"言外之意"。所以,语用学十分重视研究语境。

从语用学视角来看,语文阅读教学是以他人在一定语境中用来表达自己情意的书面语言成品为凭借,以提高学生的语言文字运用能力为目标的教学活动。章熊先生指出:语文教学,从根本上来说,是要使学生了解语言的运用和语境的关系。因此,阅读教学必须引导学生经历对语用主体在一定语境中的话语表达形式及所蕴含内容和所产生效果的分析过程,以此感悟语言魅力、进行语言积累,最终达到提高语言文字理解和运用能力的目的。

学术界从不同角度对语境进行了分类,结合阅读教学实际,本文主要参考索振羽编著的《语用学教程》,把语境分为上下文语境、情景语境和民族文化传统语境三大类。在语文阅读教学中,教师有意识使用语境理论来培养学生的语境意识,对提高学生语篇的理解能力、发现课文作者的语用规律并进而提升语用能力会起到事半功倍的作用。

一、运用上下文语境,提高学生的语篇理解能力

语文阅读教学的功能之一,就是培养学生根据文本的已知信息读出未知信息的能力,简单来说,就是从理解文本的"字面意义"进而推导出文本的"言外之意"。徐通锵先生认为汉语语义规则是:"已知的信息统帅、驾驭未知的信息,其在语言中的表现形式大体上是'前管后''上管下',即前字管辖后字的组配选择,上句启示下句语义范围和陈述走向。"所以要准确并深刻理解文本,就必须依据上下文构成的语义网络。

鲁迅的散文名篇《从百草园到三味书屋》第一段中有这样一句

话"其中似乎确凿只有一些野草","似乎"和"确凿"两个自相矛盾的词语,无论是初读还是再读都令人费解。我们要准确理解此句的意义,就要充分利用语境所提供的信息进行思辨、推理。我们可以试着从上下文语境中进行推导:

  我家的后面有一个很大的园,相传叫作百草园。现在是早已并屋子一起卖给朱文公的子孙了,连那最末次的相见也已经隔了七八年,其中似乎确凿只有一些野草;但那时却是我的乐园。

有人从"连那最末次的相见也已经隔了七八年"这里解读,得出的结论是百草园里客观上讲确实只有一些野草,"百草园"这个名字也说明了园子里确实有很多野草,但因为作者与这个园子分别时间久远,记忆有些模糊了,所以说是"似乎"。这样的解读只关注了上文,而忽略了下文,其结论自然是不堪一击的。一个人的记忆再模糊,也不至于连儿时玩乐的地方是不是只有一些野草都不知道,何况作者紧接着就开始强调"但那时却是我的乐园",这一强调的句子提醒读者,作者对百草园的记忆不但没有模糊,反而是十分清晰的。我们接着再往下读,发现作者开始用浓墨重彩的语言,饶有兴趣,甚至不厌其烦地描写百草园中优美的景物、神秘的传说和好玩的雪地捕鸟,这近乎工笔细描的句子,再次印证了作者对百草园记忆的清晰与永恒。鲁迅绝不至于模糊了儿时乐园的记忆,相反,40多年后他在人生的颠沛流离中回想起来仍是历历在目。作者在文章开头用这句看似矛盾的话很确定地告诉我们,那个园子在别人看来确实只有一些野草,但对他而言那里绝不仅仅只有野草,那里有他生命中最自由、最快乐、最美好的时光,也有他永远回不去的生命记忆。野草是他人的,乐园是儿时鲁迅的。鲁迅用"似乎确凿"表达的是他内心无法言说的伤感与失落,所以他才会在文章开头有意地说"现在是早已并屋子一起卖给朱文公的子孙了",文章最后一段忍不住再来呼应一下:"最成片段的是《荡寇志》和《西游记》的绣像,都有一大本。后来,因为要钱用,卖给一个有钱的同窗了……这东西早已没有了罢。"鲁迅儿时的乐园、用心描的画连同他记忆中一切美好的东西都早已没有了,这样的感伤与失落是回忆性散文永恒的主题。借助上下文语境,我们不仅读懂了文本,还读出了文本的深意,实现了从读懂"这一篇"到读懂"这一类"的飞跃。

💬 二、借助情景语境,帮助学生破译文本的语用奥秘

如果说上下文语境指的是文本符号本身的语义关系,那么情

景语境指的就是语篇产生的时间、地点、场合、周围的情况,以及言语交际实际参与者的身份、职业、思想、心态等。时间、地点、话题、场合构成了情景语境的客观因素,言语交际实际参与者的身份、职业、思想、心态等构成了情景语境的主观因素。在语文阅读教学中,适时补充引入一些情景语境的材料,可以帮助学生理解和掌握不同的话语背景下、不同的言语交际参与者的言语形式和话语意义,破译文本的语用奥秘。

比如在教读老舍先生的《济南的冬天》一文时,教师带着学生在品读中首先发现了文本特殊的言语形式:老舍在所写的景物前都冠上一个"小"字,如"小山""小雪""小村庄""小水墨画",给人可爱、可亲之感,表达了一种怜爱之意。作者在文中多次使用"真"字来强调自己对济南的喜爱与赞美之情。课文多个句子使用了"呀、吧、呢"等语气词,把作者发自内心的感慨和赞叹之情传达出来。老舍先生为了更充分地表达对济南的款款深情,他还采用比喻、拟人的手法,把济南周围的小山塑造成了慈祥的母亲、俊俏的少女等多种美丽的形象,表达了作者对济南的喜爱与赞美。

当学生们沉浸在对济南冬天的美好憧憬中时,教师抛出了这个问题:济南的冬天真的有那么美好吗?课件上投影出了百度搜索的结果:济南冬季最冷月平均气温在0°C以下,极端最低温度平均在-20℃以下，低于-10℃的严寒日数98%集中在冬季。

老舍笔下的济南为什么那样的温暖、美丽？和现实的济南相比怎么会有如此大的反差呢？在学生的心理处于愤悱状态之时，教师及时补充了写作背景、作者心境等资料：

资料一：1930年，老舍从伦敦辗转回国，只身来到济南齐鲁大学任教，1931年夏在济南结婚。据老舍夫人胡絜青回忆，老舍生前"常常怀念的是从婚后到抗战爆发，在山东度过的那几年"，那是老舍一生中最自由温馨、安定而难忘的时光。

资料二：在那里，我有了第一个小孩，即起名为"济"。在那里，我交下不少的朋友：无论什么时候我从那里过，总有人笑脸地招呼我；无论我到何处去，那里总有人惦念着我。在那里，我写成了《大明湖》《猫城记》《离婚》《牛天赐传》，和收在《赶集》里的那十几个短篇。在那里，我努力地创作，快活地休息……四年虽短……时短情长，济南就成了我的第二故乡。

——节选自老舍《吊济南》

借助这样的情景语境，学生很容易就明白了《济南的冬天》是老舍先生在特定时间里对济南独特的心灵感悟，文中的济南不是地域中的济南，而是老舍先生视为第二故乡、灌注了个人情感的济南，他内心的温情造就了济南冬天的温晴。

教师适时补充写作时的情景语境，让学生不仅读懂了文本所表达的内容观点、情感态度，而且还发现了"特定的形式是如何表达特定的内容的"这样的语用规律，并进而感受到了散文是作者用个性化的语言来表达其在特定时候、特定地点、特定情境中的独特思想情感的一种文体。这样的阅读教学不仅有助于学生学会读懂这一类文章，还有助于学生在理解作家语用经验的基础上积累这些语用规律，并在应用中模仿和创新这些表达经验，这应该是语文阅读教学真正的落脚点。

三、利用民族文化传统语境，培养学生多元、深入解读文本的能力

于漪老师说："教语文，要站在文化平台上。"文化平台从语境学的角度理解即文本的民族文化传统语境。任何文本都出现于特定的社会文化语境，不同民族的历史文化背景差异、同一民族语言的古今差异都会给人们的言语交际带来理解的障碍，所以在语文阅读教学中必须重视对民族文化传统的了解，以免出现不必要的曲解

性理解。充分利用民族文化传统语境，对培养学生多元、深入理解文本的能力也是极有帮助的。

在教学《愚公移山》这篇课文时，学生们在讨论"周围的人对愚公移山的态度如何"这一问题时，对邻人京城氏之孀妻的表现不太理解，他们质疑："她作为一个青年妇女，从劳动力的角度看肯定比一个七八岁的孩子能干，为什么她不去帮忙，而是让自己的孩子去凑热闹？"这时如果能关联古代中国主流家庭的传统观念"男主外，女主内"这一文化传统语境，不仅可以帮助学生解惑，还可以深入理解文本内涵。邻人之子年纪虽小，但他却是一家之主，由他出面，可以看出邻居一家对愚公移山的重视程度，也从侧面说明了愚公的行为是造福子孙、造福众人的民心工程。

再比如《曹刿论战》一文的学习，学生可能会提出以下疑惑：在《三国》中，杨修因轻率放言而被处死，在《战国策》中邹忌费尽心思才得以成功进谏，可曹刿作为一介平民为何能跑到朝堂上肆意点评国策，教训国君，庄公为何会给予他最多的信任和最神圣的尊严？这一疑惑的解答依然需要关联文化传统语境。《曹刿论战》选自《左传》一书，《左传》生动记录了春秋这一历史上少有的大变革时期，并在记录过程中鲜明体现出了作者历史意识的进步，提出了"民本思想"，对"神民"关系做出了全新的解释，从重视天道转而重视人事，看到了民心向背的决定性作用。《曹刿论战》一文典型地表现了作者对人自身，尤其是平民在历史运动中的价值、地位、作用和意义的一种新觉醒。

由此可见，民族文化传统语境在课文理解的过程中是有着重要作用的，在语文阅读教学中，我们要恰当运用民族文化传统语境理论知识，培养学生多元、深入理解文本的能力。

正如鱼儿离不开水一样，文本的理解是离不开语境的。语文阅读教学要着眼于"谁、在什么情况下、对谁、以什么方式、说什么、期待什么样的效果"这样的问题，引领学生在语境中展开言语实践活动。本文单就语境理论在初中语文阅读教学中的运用做了一些粗浅的探索和实践，不当之处，敬请各方家指正。

参考文献：

1. 索振羽.语用学教程［M］.北京：北京大学出版社，2014.
2. 徐通锵.基础语言学教程［M］.北京：北京大学出版社，2001.

从"教什么"到"怎样教"的思考与实践[①]

反思近二十年课改实践,我们对语文教学的关注与认识在不断变化中逐渐走向深入,比如我们一开始很关注怎样教的问题:新课程背景下的课堂教学形态到底应是怎样的,怎样的教学方法才能更有效地提高教学效率;后来我们把关注点从怎样教转到了教什么——语文学科教学内容的不确定性使得这一认识的转变显得更有意义,在不知道教什么的情况下谈论怎样教是没有意义的。其实这样的认识与思考均体现了我们对新的语文教学常规的探寻与追求:
1. 教什么——教学目标设计常规;2. 怎么教——教学过程设计常

[①] 顾明远:《名师教学思想与教学艺术丛书》总序,中国林业出版社,2008年3月1日第1版。

规；3. 为什么这样教——基于什么样的教学价值观。

一、教什么——教学目标的确立

教什么的问题其实就是教学内容的选择和确定的问题。对于语文课而言，教学目标是对教学内容最概括、最简洁的表述与体现。那么到底什么是教学目标？教学目标应该如何确立呢？

教学目标是关于学习者在教学终结时目标成效达成的一种明确的陈述。"从某种意义上说，教学目标的实质就是学习目标，教学设计虽然以教什么、如何教为研究对象，但却是以学什么、如何学为核心的。"[①]语文教学目标是依据语文教学目的、语文课程标准、教材和学生的现状等确定的，其行为主体是学生，指学生在语文教师"教"的指引下，通过自身"学"的努力，在知识与技能、过程和方法、情感态度和价值观等方面发生的预期的变化。教学目标的特点是可观察、可测量、可评价且具有层次性。语文教学目标越具体、越明确、越具有可操作性，越能引导学生的学习，越能保障教师指导的时效性、针对性和有效性，越能确保教育的效果，促进教育质量的提高。

---

① 吴忠豪：《小学语文课程与教学论》，北京师范大学出版社，2004年8月第1版，第185—186页。

由此可见，教学目标不仅是教学活动的出发点和归宿，也是课堂教学评价的重要参照。在课堂教学中，要根据教学内容以及学生的认知思维水平，比较科学地制定教学目标，把它明确地表述出来。但事实怎样呢？

据王荣生教授调查，在"教学目标、教学重点和难点"的确定方面，存在很多干扰因素，有超过一半的老师是依据考试范围、《教学参考书》《教师用书》来确定的，有接近20%的老师是依据教辅资料、网络上的教案、单元学习指导等确定的（事实上可能不止20%）。王教授还分析了这种现象出现的原因：《语文课程标准》是相对宏观的，对"总体目标"和学段目标有所规定，而具体的教学内容，如"教学目标""教学重点""教学难点"等，则需要教师根据教学对象来具体确定。这就需要语文教师把"总体目标"细化分解到每册课本、每个单元、每篇课文。而实际上这一点是大部分老师没有做到甚至是做不到的，毕竟教师在备课时对教学目标和教学重点的把握仍存在着一定的难度。[1]

除了王教授分析的原因外，我觉得旧版语文教材以主题组合单元，没有明晰的知识和能力的体系，特别是汉语知识体系和写作体系

---

[1] 王荣生等：《语文教学内容重构》，上海教育出版社2007年9月第1版，第2—3页。

的不完善也是导致教师日常教学随意性、盲目性较大的原因之一。

那么，我们应该如何确定教学目标呢？

第一，教学目标的确立要符合课程标准。年段教学目标、阶段教学目标、课时（文）教学目标应当形成从概括到具体的包容关系。

第二，教学目标的确定应考虑学生的现状和发展，真正体现学生是学习和发展的主体的理念。

第三，教学目标的确定还要立足于教材，要在仔细梳理教材知识要点与线索，把握各部分内容在整体中的地位和作用的基础上确立教学目标。

第四，教学目标的行为主体应该是学生，表述要明确具体，可操作、可检测。应该从学生学什么、怎样学、学到什么水平的角度来设计目标并进行准确陈述。具体表述应尽量用外显行为动词来描述学生的学习行为。

二、怎么教——教学过程的设计

对于这个问题，下面以旧版语文教材七年级下册第三单元的阅读教学和写作教学为例，来具体阐述如何确定单元教学目标和实施单元教学的。

（一）依据课标总目标和阶段目标，立足于单元文本特质和学生认知发展需求确定单元教学核心目标。

1. 立足于文本，寻找单元课文的文本特质，挖掘单元内容的核心价值。七年级下册第三单元的五篇课文《邓稼先》《闻一多先生的说和做》《音乐巨人贝多芬》《福楼拜家的星期天》《孙权劝学》，都是从不同角度写人的文章。从什么角度怎样写人，写了怎样的人，这就是教师要把握的文本特质和核心内容。

2. 立足于学生，寻找学情与文本特质、核心内容的交集。语文的教学内容不是由文本一个要素决定的，还涉及学生认知发展阶段的需求问题。语文教学，学生的发展是第一位的，必须要在清楚学生现状的基础上去确立教学目标，选择文本与学生认知发展需求相一致的内容作为教学内容，建立起学生已知和未知的链接。

在分析上述课文的文本特质和学生现状的基础上，进一步寻找这五篇课文内容的联系点，以及知识和能力的有机结合点，然后进行取舍、整合、提炼，最终形成了单元教学核心目标。

本单元阅读教学核心目标：

第一，学会从事件中概括人物的主要思想和性格特点，从描写中把握人物的主要思想和性格特点。

第二，学会结合文中的抒情句、议论句来提炼作品中人物的情感、思想。

本单元写作教学核心目标：

通过事件写人，掌握给人物画像、让人物说话的技巧。

（二）围绕单元教学目标，选择"以写促读、读写结合式"的单元整合教学策略。

教学有法，但无定法，贵在得法。不管采用何种教学方法，都是为教学目标服务的。分析本单元的阅读教学目标和写作教学目标，我们会发现阅读教学和写作教学都是围绕"写人"这一核心而进行的，这样的单元非常适合"以写促读、读写结合式"的单元整合教学。"以写促读、读写结合式"单元整合教学是以提高学生的写作能力为目的的，阅读教学则是培养学生写作能力的手段。具体来说，就是以教材为载体，在阅读教学中渗透写作指导，把阅读教学作为习作教学的主阵地，根据教材特点，精心选择读写结合点，给学生写作提供有效借鉴的对象和方法指导，从而有效地提高学生的写作能力。

在深入研读课文的基础上，确立了单元读写结合点：围绕人物形象选材、组材；以形传神，给单个人物画像；让人物说话，通过语言描写写出人物个性，丰富人物形象；抓住人物特征，有主次、有侧重地塑造人物群像。

教学过程：

课时	学习内容	读写结合点	备注
第1—3课时	《闻一多先生的说和做》《邓稼先》	围绕人物形象选材、组材的方法	—
第4课时	《音乐巨人贝多芬》	以形传神，给单个人物画像	课后布置片段写作任务：观察你身边一个熟悉的同学或老师，运用今天所学的写作技法，写一篇人物描写的小作文——《给_____画像》
第5课时		习作评点与升格指导	
第6课时	《孙权劝学》	让人物说话，通过语言描写写出人物个性，丰富人物形象	—
第7课时	《福楼拜家的星期天》	抓住人物特征，有主次、有侧重地塑造人物群像	—
第8课时	梳理归纳人物描写的技巧方法，进行写人记叙文写作指导		
第9课时	堂上限时作文训练：以"宿舍_____"（横线上补充自己宿舍的房间号）为题，描写宿舍的舍友。要求：字数600字左右；运用本单元所学的人物描写的方法，抓住人物特征，有主次、有侧重地塑造人物群像		
第10课时	习作评点与升格指导，学生修改习作		
第11课时	单元综合评价与反思		

清楚了为什么教，明确了教什么，课堂教学没有了冗杂与烦琐，变得简约与灵动起来，这是教师要坚持教学常规的意义和价值。更为重要的是学生知道了他们要学什么、如何学，以学什么、如何学为核心的教学必然是有效甚至高效的教学。这样的教和学的效果是可以测量和评价的，而不再是一笔糊涂账。

在这个单元教学结束的时候，原本欠缺描写意识的孩子不仅知道了要描写，而且写出了个性，写出了特点，写出了言语生命的流光溢彩：

片段一：A床上躺着一个人，应该说是微微靠在枕头上看书。他扁扁的鼻子被沉重的眼镜压得不堪入目，他不得不经常地用手把眼镜向上顶。眼镜后的黑眼睛依旧在书上游荡，而且一个字一个字地琢磨，想要把整本书看透似的。（张华彬）

片段二："噗——"正在吃苹果的梁梓维不知什么时候回到了宿舍，看到这一幕的他竟把原本应该吞进去的苹果渣都吐了出来，咧开嘴大笑起来，眉头分得很开，眼睛眯成一条缝。在脸忙得不亦乐乎的同时，双手也不例外，一手捂着即将笑破的肚子，一手则使劲地拍打着他那细小的大腿。（陈显华）

片段三：坐在冯洁洪对面的李奕伽翘着纤细的腿正和唐彦

迪谈论着什么。她骨瘦如柴，皮肤似牛奶般嫩白，瘦弱的身子总会让人误以为她是个弱女子，实则不然。从她现在激动地和唐彦迪争论得面红耳赤的样子就能看出来——她绝不是省油的灯。而在一旁与她争论的唐彦迪明显冷静多了，她肥胖的身子悠闲地靠在床栏上，面容并没有因为争论而有任何变化，一双小眼睛眯着，慵懒地望着对方，叫人猜不透她的想法。

罗迪诗即使在这样嘈杂的环境下，仍坐在一旁静静地捧着她最爱的小说，旁若无人地沉浸在其中。平静无半点波澜的脸上浓密的长睫毛因阅读而垂下，在眼窝处投下一串阴影，双眉因沉浸在书中情节里，时而紧皱，时而舒展，让人不禁猜测书中的故事。（徐烨文）

一直有人在质疑：语文成绩优秀的孩子是语文老师教出来的吗？从起点到终点，语文教学到底能让学生走多远？如果我们能从"终点"思考：我们为什么教，我们教什么，我们能让学生学到什么，收获什么。目标明确后，再从学生的"起点"出发，寻找合适的教学策略，那么我们的语文教学肯定是有效甚至是高效的。我们可以很大声地回应质疑：从起点到终点，语文教学可以让学生走得更远，飞得更高！

巧借金针妙度"文"
——例谈教师写作在初中作文教学中的具体运用

作文教学也许是中学语文教学中最尴尬的——作文是语文教学的半壁江山，其重要性不言而喻，可现实的状况却是教师厌教，学生厌学。作文教学训练投入大、周期长、见效慢，慢慢耗尽了语文教师作文教学的热情，也慢慢耗尽了学生的写作兴趣。

不少人在追问：如何给病态的作文教学开一剂良方？那度人的"金针"远在何方？其实在这一问题上，学界中有识之士已有过共识。叶圣陶先生在《怎样教语文课》一文中说："要教好作文，老师自己也要常常动笔，深切体会作文的甘苦。这样才能做切实的指导，光给学生讲一些作文的方法是不够的。"顾之川先生也曾说过:"没有写作体验,教师的指导往往隔靴搔痒;有了写作体验,教师的指导就能对症下药。"这些切中肯綮的话,都在强调教师写作在作文教学中不可替代的重要作用。但教师写作如何具体作用于学生写作的过程呢?笔者认为,至少可以从以下几个方面入手:

一、澄清误区,重建学生的写作认识

很多学生的作文言之无物,不少学生还很委屈地认为,自己天天奔波于学校和家庭的两点一线之间,沉重的作业负担迫使自己整天在题海中挣扎,哪有时间去留意生活?甚至一些老师也把学生没什么可写的原因归结为学生生活圈子狭小,生活经验贫乏。这些归因都是建立在对作文本质的错误认知基础上的,相当一部分的学生甚至老师都没有认识到作文是写作者观察生活、认识生活和反映生活的过程,是写作者内在生命体验和生活感悟的一种外化,对生活的感悟才是写作的基础。而这里讲的写作生活并不玄奥,其实就是我们每个人的日常生活。学生时时刻刻都在写作生活之中,之所以觉得自己没什么好写,是因为很多学生没有用心去留意、去认识、去思考自己的生活,换句话说,就是没有对自己的生活用情。

在帮助学生重建这些写作认识的一节作文课上,有学生对我的观点不以为然:"老师,您说得挺轻巧的,可是怎么对生活用情啊,再用情,平淡寡味的生活还是无趣的啊。"看来仅仅讲道理还不够,还需要现身说法,通过事实,才能进一步转变学生的写作观念。

学生们知道每天午饭后我都要在操场散步,我说这就是我的日常生活,很普通,很平淡,但这也是我的写作生活。只要用心,这样的生活同样可以成为很好的写作内容。在学生质疑的目光中,我答应他们将以此为内容写一篇散文。在学生的期待中,我完成了《一个人的散步》一文的写作,该文后来发表在《广州日报》副刊上,并被《泉州晚报》《张家口晚报》等报纸副刊转载。

在拿到样报后,我在课堂上给学生读了这篇文章,并和学生分享了我这次写作的整个思维过程。在当天的随想作业中,很多学生写到了我此次写作带给他们的启迪,其中一位学生写道:"听了丁老师的文章,我明白了文章是生活的记录和升华,只要用心地去发现生活中的美,对生活用情,就可以让平凡的生活精彩起来,成为自己写作的源泉……"

清华附中特级语文教师王君在她的《我们不搞"作""文"教学》一文中写道:"作文课,可以教写作知识,可以教写作技巧,可以教写作情怀,也可以教写作思想。四个方面都不可或缺。但没有写作情怀、写作思想的教知识、教技巧注定走不远。"对此,我深以为然。要培养学生的写作情怀、写作思想，转变学生的写作认识，教师现身说法，直接用自己的写作实践说话，无疑是最有说服力、最有效的一种方法。学生正确的写作认识一旦形成，就会慢慢变得热爱生活，善于感受生活。学生对生活细节和生命细节的敏感一旦产生，还会担心没什么可写吗？

💬 二、适时展示，激发学生的写作兴趣

写作动机是学生喜欢写作的内在动力，而写作兴趣是一种深层的、比较稳定的动机，只有学生对其产生了浓厚的兴趣和激情，才能产生写作的动力。

教师写作对学生写作兴趣的激发主要表现为：教师写作，为学生树立榜样，而榜样的力量可以给学生极大的激励，并逐渐产生极大的兴趣；教师的作品，是很好的刺激物，可以展示语言文字之美，展示文章之美，从而让学生产生对写作之美的向往和渴望；教师和学生共同写作，相互借鉴，相互评价，可以拉近师生关系，从而鼓舞学生的写作信心。

笔者曾上过一节《春天的诗意——微信写作》的作文课。我在屏幕上展示了一组照片：第一张照片是一棵长满新绿的树，第二张照片是绿树旁边长满红叶的树，第三张照片是树下草坪上凋落的红叶。

图2 图1 图3

优秀语文老师的修炼指南，值得一看！

我们为正在阅读本书的你，提供了以下专属服务

① **作者导读视频** 丁之境老师亲自解读本书，讲述创作心得，丰富您的阅读体验

② **必备技能合集** 包含普通话指导、教育心理知识、课件制作方法，全面满足您的需求

③ **教学理论学习** 精选名家教育理论，深度研习大师经典，助您提升专业素养

④ **专属精彩活动** 参加现场签售会，和作者零距离互动，交流教育心得

 **微信扫码**

添加【智能阅读向导】

☑ 看**行业报告**，掌握教育行业一手资料

☑ 加**专业社群**，和众多优秀教师切磋交流

☑ 用**读书笔记**，一键拍照摘录学习心得

学生认真观察这组照片后,我展示了写作要求:假如你要把这组照片发到微信朋友圈,请为这组照片配上一段100字左右的文字。所配文字尽量能展示画面,表达情思,语句精致。

在交流展示环节,一开始学生的习作基本上是在描述照片内容,没有主题,缺少诗意,语言了无新意,比如:

昨天我在小区里拍到了这样几张有代表性、有鲜明对比的图片。上图是小道两旁的绿树,下边的两幅图则是落叶。正如诗人所说的那样"海日生残夜,江春入旧年"。小区里的这片新绿将会取代地上的旧叶。

在学生的写作停滞不前时,我进行了现场写作示范:

轮回

一树新绿,一树老红;

一树萌发,一树凋零;

一树春色近,一树秋意浓;

荣也是生,枯也是生;

必经的必经,从容的从容;

叶的轮回，人的一生。

当我的作品逐渐在黑板上呈现出来时，教室里先是有轻微的赞叹声，然后是热烈的掌声，望着孩子们艳羡的目光，我问他们："真觉得老师写得好？那能不能说说好在哪里？"于是学生们纷纷发表意见，有的说老师先找到了这组照片的联系，所以写的文字有主题、有灵魂；有的说老师写的句子或对偶，或排比，语句很精致；有的说老师写的语段像诗，语言具有陌生化的效果……

教师写作的适时出现，活跃了课堂的气氛，激起了学生对语言美感的追求，也激起了学生创作美的欲望，所以他们很认真地投入到作品的修改和重写中。在第二轮的交流展示中，佳作不断涌现：

黄然：期约，却换来错过。不愿？还是错乱？今日，你的凋落，我的新生；待我离去，你亦安好？是当年冬天一句不幸的诅咒，还是我不小心的昏沉？

可是我的多愁善感？可是我的搞笑？挠挠头，我走了，心却还留在会渗出白的红里，溢出油的绿里。

王本昊：清新春雨绿，顶落了遍地秋阳红。南国的春天，是四季的交错，是生命的轮回。别有一番情趣，别有一番雅韵。

…………

显然，在这个教学过程中，教师的写作对学生写作起到了示范榜样作用，而这种示范作用主要是精神层面上的，激起了学生追求美、创作美的欲望，激发了学生的写作兴趣。而这种作用的力量往往是不可估量的，美国大诗人罗伯特·弗罗斯特回忆童年时说：一天早晨，他发现老师为了备课，在黑板上一行一行地写诗，他不知道她是在抄诗，而以为她是在创作，他被老师熟练的写作技巧深深地打动了。为了跟老师比个高低，他下决心学习写诗，把写诗视为一种新的游戏，只不过需要巧妙地运用文字而已。从此，写诗成了他的乐趣，也就造就了一位伟大的诗人。

三、师生共写，揭示写作思维过程

研究显示，写作是一连串的思维过程。写作者既需要通过观察去获取材料，通过想象去丰富材料，又需要通过构思，运用一定的表达技巧去结构和安排材料。但无论观察、想象、构思还是表达，都离不开思维。所以，如果教师能和学生共同经历一次完整的写作过程，把自己观察、构思、表达的思维过程梳理出来，并展示出来，便可以对学生的写作提供更直观、更有效的帮助和指引，起到事半功倍的效果。

笔者曾上过一节《观察·联想想象·感悟》的作文课，和学生一起观察、讨论、写作。教学流程如下：

确定观察对象：年级办公室门口的两棵鸡蛋花树，一棵枝繁叶茂、繁花满枝，一棵干枯光秃、奄奄一息。

参与观察：明确本节课的学习任务后，带领学生去观察那两棵鸡蛋花树，引导学生观察花和叶的形状、颜色、质感，观察树干和树枝的形状、色彩，除了用眼睛看，还可以用手去触摸，用鼻子去嗅。在引导学生观察的过程中，还顺势指导学生如何描述观察的对象，比如选用什么词来描述会更形象、更准确；观察对象的外在特征是否能引起你的联想和想象；如果有联想和想象，可否此写出自己的比喻句……

头脑风暴：回到教室，师生共同进行头脑风暴，交流由自己的观察而引发的联想、想象和感悟。头脑风暴内容主要如下：

两棵生命形态迥异的鸡蛋花树—成功者与失败者—暂时的失败也许是为了下次更好地爆发—要用豁达的态度面对人生，感悟人生的真谛。

两棵生命形态迥异的鸡蛋花树——两种截然不同的命运——造成这种命运的原因：对待生活的态度。

两棵生命形态迥异的鸡蛋花树——灵魂之美——人类历史长河中的具有灵魂之美的人。

自己考试失败——好似那棵枯萎的鸡蛋花树——不怕困难、迎难而上的信念——自己增强了前进的力量。

两棵生命形态迥异的鸡蛋花树——不屈不挠的生命与弱不禁风的生命（对待命运的两种态度）——直面挫折、不屈不挠才能开出美丽的生命之花。

…………

共同写作：确定自己的立意和写作角度，师生共同写作。

交流展示：小组内交流，选出代表小组展示的作文。展示时，先展示教师下水作文，再展示学生习作，师生相互评价，共同借鉴。

修改定稿：在展示交流的基础上，根据大家的建议，教师和学生课后进行修改，教师挑选优秀作品在班级张贴展示，并组织投稿。

稿件投出去后，很幸运，教师作品《绽放的生命》和学生徐烨文的习作《两棵开花的树》被《羊城晚报》副刊采用。

在这一次师生共写的教学过程中，教师带领学生完整经历了观察、构思、表达、写作的全过程，教师向学生揭示了完整的写作思维过程，揭开了写作奥妙，也掀开了文章发表的神秘面纱。这样的写作教学过程无疑是非常有意义的，正如著名语文特级教师王开东在《教师写作对学生的意义》一文中所言："有条件的老师如果能够引导学生，真正经历了一次铅字文章诞生的全过程，使学生的作品得以发表，哪怕只有一次，根据全息理论，这个学生就会真正的写作了。真正的写作，只需要一次，就相对完整了。从此，就不必担心这个学生的写作了。"[①]

四、示范技巧，教授学生写作方法

虽然作文的问题主要不是方法与技巧的问题，但是在解决了写作积累、写作认识等问题后，文章之美毕竟是离不开写作技巧的。教师用自己鲜活丰富的写作经验激活学生的写作之后，必要的写作技巧还是要教的。但如何教？知识讲解？理论分析？显然这些方法是行不通的。虽然初中生抽象逻辑思维开始占主导地位，但是初中生的逻辑思维发展还是经验型的，在思维过程中具体形象成分仍然起主要作用。他们在进行抽象逻辑思维的时候，常常还需要具体

[①] 王开东：《教师写作对学生的意义》，见《语文教学通讯》B刊2012年第三期。

的、直观的、形象的感性经验的支持，否则就会出现理解、判断、推理上的困难。所以写作方法、写作技巧传授的最好方法莫过于教师用事实来形象地显示理论是如何指导实践的。善于模仿正是初中生学习的特点，在学习写作技巧时，学生将会从教师的示范中获得比单纯理论表述更为深刻和丰富的领悟，从而更快地提高他们的写作能力。

笔者曾给学生进行过一次微故事写作训练，训练题目和要求如下：

微作文话题：都是神经大条惹的祸（神经大条，就是粗心、犯迷糊）

要求：1．取个既好听又好玩的题目！

2．谨记——全文控制在140字以内。

3．不分段，注意把故事讲好，语言生动活泼，有趣味。

学生刚开始觉得写140字简直就是小菜一碟，但真正开始写作，他们才知道在140字内讲一个故事还是很有难度的。学生第一次交上来的作品大多不合格，或是不能扣题而作；或是选材庸俗，把恶搞当幽默；或是不会讲故事，没有故事情节，即便有情节也不合常理。

进行习作讲评时，针对学生作文存在的问题，我着重讲了三点：一是情节要有变化，要有起承转合；二是故事的起承转合必须围绕"粗心、犯迷糊"展开；三是故事的结尾最好是"既在意料之外，又在情理之中"。

三个技巧讲解完后，我投影出自己的作品进行了示范：

盛怒勿言

铃声响，书声也须响，但直到昨天，班上的铃声还是淹没在吵闹声里的，我用铁青的脸和肃杀的眼下了最后通牒。没想到今天嘈杂声依然声声入耳。我气冲冲推门而入，拍案怒骂，并无情地堵住了似乎想辩解的班长的嘴。训斥声戛然而止，因为我看到了从学生中间直起身来的数学老师错愕莫名的脸，天啊，记错课表了。在善意的哄笑中，我尴尬而逃。

教师写作技巧的示范，因其直观而形象，给学生带来了豁然开朗、茅塞顿开的体验，学生的学习效果非常不错，第二次交上来的作品90%符合写作要求。有两位同学的习作还发表在《广东第二课堂》2015年1—2期上。

语文老师自身的写作能力、写作经验、写作经历对作文教学有着直接和间接的影响，语文老师自己不写作，是很难大范围提升学生的写作水平的。但教师写作和作文教学之间到底是什么关系，教师写作又该如何具体运用于作文教学过程中，教师的写作经验如何转化为适合于学生的写作教学理论，这些都是非常值得探讨的问题，我将会沿着这条路子一直探索下去。

优秀语文老师的修炼指南,值得一看!

我们为正在阅读本书的你,提供了以下专属服务:

① 作者导读视频　丁之境老师亲自解读本书,讲述创作心得,丰富您的阅读体验

② 必备技能合集　包含普通话指导、教育心理知识、课件制作方法,全面满足您的需求

③ 教学理论学习　精选名家教育理论,深度研习大师经典,助您提升专业素养

④ 专属精彩活动　参加现场签售会,和作者零距离互动,交流教育心得

微信扫码

添加【智能阅读向导】

☑ 看行业报告,掌握教育行业一手资料

☑ 加专业社群,和众多优秀教师切磋交流

☑ 用读书笔记,一键拍照摘录学习心得

教师具有一种双重的作用：他以自己的人格和个性激起学生的热情，同时创造具有更广泛的知识和更坚定的目的的环境。

——英国哲学家　怀特海

要教好作文，老师自己也要常常动笔，深切体会作文的甘苦。这样才能做切实的指导，光给学生讲一些作文的方法是不够的。

——叶圣陶

辑三

共写共生之美

草木本心·**教师作品：**

独怜幽草

苔藓

试问掩映阶前色，何似纵横陌上尘？

这诗句里的生命，长在闲庭荒院的石阶缝里，青色如尘。苔藓是远离热闹的，它在溪水边、森林里驻足，它在墙角砖缝中生长，它把生命低到尘埃里，卑微得让人们很容易忘记它的存在。

直到开始喜欢养花草，我才知道苔藓也是最具文人气质的绿植之一。于是，我的书案上便多了一盆中式枯山水小盆景，长方形天然乌金石浅盆里铺上洁净的沙子、石块，植一株文竹，栽一簇菖蒲，铺几片青苔。看书敲字累了，瞧几眼案头的这个禅意小景，尤其是集翠凝碧的苔，顿觉清爽。

苔藓喜欢潮湿、通风的环境，为了维持这份盎然的绿意，我按照养护说明，每天用喷壶喷洒水雾，保持湿度。但不知为何，渐渐地，青翠的苔藓叶尖上开始长黄白色的小点，越长越多，后来整片苔藓泛白变黄，慢慢死去。

网上有两种说法，一说是通风不畅，导致苔藓长了霉菌；一说是不应该喷自来水，因为苔藓靠叶片吸水蓄水，自来水中的矿物质分解不掉，就凝成叶尖的黄白色小点。不知真假，姑且信之。于是又买来几片青苔铺上，买来纯净水每天喷洒，早上置于窗台，开窗通风，给予阳光和干净的空气。解决了水质问题和通风问题，果然叶尖不长小黄点了。书房的案头小景清雅了好久，但时间一长，工作一忙，哪有时间每天给它们喷水、通风呢？半年之后，菖蒲叶尖开始变黄，苔藓也相继死亡。我的第二次养苔经历又以失败告终。

我知道如果我想和它共处，必须创造一个完全听命于它的环境。露养实在太难控制湿度、温度和光线了，我开始尝试罐养。买来一个透明的玻璃缸，先在底部铺一层石子，然后在石子上铺一层泥炭土，把苔藓根部的土底喷湿，用力把整块苔藓牢牢按在土层上，在裸露的地方铺上装饰用的沙子，最后用喷壶喷喷水。一个漂亮的苔藓微景观瓶就制成了。盖上圆球形的木头盖子，放在西边的窗台上，早上给它一些温和的散光，晚上揭开盖子给它透透气，只要玻璃壁上有凝结的水汽，就先不急着给它喷水。就这样，高洁的青苔终于愿意住我家了。

有人说，苔藓是地球上最古老、生命力最顽强的生命，但养苔的经历告诉我，它更是一种对生长环境要求极严格，绝不肯将就的物种。它可以在幽寂阴湿的野外无边地蔓延，但绝不肯接受以委屈自己为代价的精心服侍。我终于明白，这匍匐在大地上的卑微生命为何会受到文人雅士的喜爱了。它背阳就阴，违喧处静，无华无影的生命姿态，不就是远离尘嚣、幽雅清丽、淡泊坚贞的人格化身吗？

我愈发喜爱这寂静生长的卑微又自爱的生命！

天胡荽

独怜幽草涧边生，我喜欢的另一种幽草不在涧边，就在路边。

南方多雨，不管什么季节，雨后没几天，走在小区的道路上，便会发现红褐色方砖的缝隙里长出了一圈绿色的生命。其茎纤弱细长而匍匐，其叶为圆肾形，边缘有七个裂口，有点像刚长出来不久的芫荽叶。它们把砖的四周镶嵌了一道绿绿的边，很漂亮。

一开始，我也不知道这叫什么草，只是被它鲜亮的绿色吸引，我开始凝视这匍匐在地上的生命。沿着砖缝往四周寻找，通常可以在灌木丛或者大树的下面发现更多。它们平铺在地上，一片一片的，叶子小巧玲珑，青翠欲滴，楚楚动人，与周边的环境融为一体，充满了诗情画意！似乎被这种绿意勾勒的方砖也优雅别致起来。

因为喜欢，我采集了几棵，把根部清洗干净，放入天青色的笔洗盆里，用几块青色的、玉色的石头压住根部，最后注满清水，摆在茶台上，它可以绿很久。炎炎夏日，摆在案头，清爽、清净、养眼、养心。

真正美好的事物绝不仅仅限于审美。南方雨后的太阳是猛烈的，这人行道砖缝里的那抹绿色，被阳光灼烧，被人踩踏，但依然那样鲜亮。这卑微的生命在绝处生长，活出了自己的一种风采，活出了生命的强大与坚韧，让匍匐在地的精神昂扬起来！因为敬佩，我专门蹲在地上拍照，回去查找资料研究，终于弄清楚了这种小草名字叫天胡荽，又叫满天星，是一味全身是宝的中药。

苔藓是喜欢幽居的，天胡荽也是喜欢幽居的，但苔藓更加高冷，像遁入空门的高士，天胡荽似乎更愿处人间。

除了苔藓、天胡荽，我还凝视过透明草、扒根草……它们无一例外都全身心地紧贴大地，用匍匐的姿势生长，就长成了这个星球上最古老的存在。

天意怜幽草，幽草遍地生！

这不仅仅是生命的传奇……

学生作品：

独怜幽草

章心悦

我独爱炎炎夏日里绿豆沙中掺着的几叶臭草。

臭草为芸香全草，它的气味非常强烈而独特，可说是甲之蜜糖，乙之砒霜。臭草的气味于我是散发着醇厚的异香。若将碎羽状的叶片揉碎，奇异的香味便会浓烈起来，芳香馥郁，与绿豆沙之清淡完美贴合。一位美食家这样评价："在广府长期的食俗文化中，臭草之于绿豆沙就像陈皮之于红豆沙，紫苏之于田螺，腐乳之于通心菜，没有了这些异香馥郁的食材，不是说不能做那道菜，只是做出来没有'灵魂'。"由此可见臭草之于绿豆沙的重要性。

家中阳台角落里有一小盆臭草，虽然长得不是那么郁郁葱葱，纤细的身姿倒也挺拔。这是一种只有静下来才能感受到它美好之处的植物。晨云未散，鸟鸣疏落，我摘下臭草一片深绿的叶子在手中揉碎，将它放在鼻底细嗅，馨香萦绕鼻间。臭草的异香是渐变的，是有诗意的。初闻只觉气味奇异浓烈，等气味晕开，又觉得它的味道是清新淡雅的。臭草的颜色也是诗意的。它的绿色并不抢眼，而恰恰给人一种舒适的感觉。

妈妈也喜欢在阳台上种植多肉植物，亮绿的肥大叶片周围镶着一圈红，相比之下，臭草又多了几分素净。

最期待的便是煮绿豆沙剪臭草叶了。用剪刀将绿色叶片剪下，洗净，再剪成小段，放入锅里，待臭草的浓烈气味与已经煮烂的绿豆散发的清淡气味在空中混杂，漫到屋子里时，臭草绿豆沙便煮好了。

在绿豆沙里，臭草更不起眼了。细细的叶片零零星星地浮在绿豆沙上，原本就不艳的颜色经过小火慢煮，在这绿色的背景下更深了，显出深沉的朴素之感。

臭草叶小，臭草味浓。小小一碗绿豆沙，有时只有几片臭草，绿豆沙却因此"有了味道"，丰富了层次，顺滑了口感，给原来清淡乏味的绿豆沙添了一层韵味，使之风味独特。

北宋有位才华横溢的词人，姓苏名轼，其名意为车前横木，默默无闻却不可或缺。臭草亦是如此，长相平凡，对绿豆沙而言却至关重要。

夏日将至，我又开始在绿豆沙中，找寻这种幽草的小身影，真是人间美好。

四季有韵·教师作品：

谷雨，遂想起

谷雨断霜。

广州本无霜，何须断呀。猝不及防地，今天的温度就飙升到30摄氏度了。坐在寂静的校园里，我一动不动，却汗涔涔了。今年似乎还没着春衫呢，怎么就直接撞进了夏？

在庚子年谷雨这天，我无端地开始回望我的春天，曾经的和正在经历的。

广州春天的到来是颇有阵势的，刚刚入春，番禺学宫门口、陵园西路上的百年木棉便用一枝枝燃烧的火炬声势浩大地宣告：春天来了！除了南粤，哪里的春天会有如此大的阵势和如此烈的热情？

硕大的花朵染红了广州碧蓝的天空，然后便"啪啪"作响地从高处坠下。往年这个时节，总有上了年纪的阿伯阿婆来捡拾地上的木棉花，拿回去放在阳台、天台上晒干，煲成祛湿的老火汤，干爽一家人的身心。但是，今年木棉盛放的日子，家家户户都闭门不出，陵园西路上的木棉密密匝匝地落了一地，无端地增加了清道夫的负担，不知道他们在劳作时，有没有诅咒过这些无辜的花朵？

记忆中广州的春天总是湿漉漉的，天天淅淅沥沥的，像一张永远哀怨着的阴郁的脸。路上的砖缝里、墙壁上长满了绿绿的青苔。偶尔放晴几天，室外的温度比室内的高，房间的地板、墙壁便永无休止地往外面冒着汗。厨房顶柜中的食材发霉了，房间衣橱里的衣服也发霉了。在这样的春天里，人的心情似乎也发霉了，并且只能任它长成长长的菌丝。

我讨厌这样的春天。

在这湿漉漉的春天里，我总会不由自主地怀想起生命里曾经的春天。

故乡春天的到来是悄无声息的。二月的土地依然是冰冻硬实的，人们穿着棉衣和棉鞋踩在结冰的乡道上，发出"梆梆"的声响。但寒冷的气温并不能阻挡春的到来，好奇的孩子曾扒开路边残留的积雪，看到雪下面已萌生出了白嫩嫩的草芽。

早晚还是含霜的，但是出太阳的中午，穿着棉衣的人们浑身痒酥酥的,似乎人的肌肤也和脚下的大地一样在慢慢地离散和松软。地坑院院头上,不知何时已经明灿灿围上了一圈金黄,迎春的藤条上一咕嘟一咕嘟地吐着明亮的小喇叭,吹奏着春天降临的消息。

等土地完全松软,绿色开始铺满大地的时候,选一个晴朗的,最好是碧空如洗的日子,爬到村子里最高的山冈上,可以欣赏到宋人笔下的村坞杏花图。远远眺望那山坳处粉红色的人家,家家户户崖头上的老杏树都绽开了繁密的花,浅色的粉白、深色的褐黑,浸染在如宣纸般纯净的碧空上。不知道为什么,很小的时候,我就喜欢一个人站在山顶的石头上眺望这幅空灵清丽的中国画。我想用语言来表达内心感受到的美,但却找不到合适的言辞,只好作罢,就静静地站在那儿远观,顺便把自己想象成黑色枝头上那朵明艳的杏花。

不知不觉中,我和这样的春天分别,已经二十多年了。

那时,我还是少年。

不知道今年故乡的春天是怎样的,去岁暑日回去的时候,发现山坳里的人家都已搬到岗顶上了,原来的老杏树可能都不在了吧?年轻时想逃离的日子原来都是诗,并且一去再也回不来了。只能感叹一声,往事如风啊!

感叹完,又觉得有这种想法的我有点矫情。就像诗人米洛拉德·帕维奇说的那样："我们四处漂泊，眼睛更多的是搜寻回忆，却不太留意脚下的土地。"我突然有些惭愧，毕竟当我决定扎根于此后，和我耳鬓厮磨的，不是记忆里的春天，而是广州开满木棉、长满霉菌的春天。

我怀念被诗化的从前，但似乎又更留恋可以把握的当下。

广州今年的春天倒是和往年不同，除了清明下了一周的雨，其余的日子都是响晴的。天气好得，让人忍不住想往外面跑。但是，空气里随时可能弥漫的危险，让我们只能待在屋子里去想象这个难得的绚烂又清爽的广州春天。这世间万事万物怎么就像一朵悬崖上的花，你够不着时，它独自盛开；你拥有时，它开始凋零。

今天是谷雨，春天最后一个节气，春之时令已在悄悄远引，窗外的绿树红花仍在肆意地生长。

子美在唐朝的一个晚春，感慨地说："寂寂春将晚，欣欣物自私。"

可时令原本就是它们的，从古到今，我们的多愁善感无非是一场自嗨的一厢情愿！

写于2020年4月20日晚

学生作品：

春天，遂想起

赵韫为

春，虽姹紫嫣红，花儿们的争芳斗艳，却令我疲惫不已。比起花丛中的你言我语，你争我抢，一个人静静地待着，是我做了一辈子的梦。让她们争去吧，让她们闹去吧！我，只想当一株春天里山坡上的野草。

当春天的风带来春天的雨，我和我的兄弟姐妹们相约同行，看看外面的事儿。

我看到，山谷下的花儿也开了：红的、粉的、白的……好不热闹！不知人们从何处得到消息，从四面八方赶来，把花儿围得水泄不通：留影的、赋诗的、甚至攀枝折叶，不知怎么，花儿笑得更灿烂了，她们仿佛很看重，也很享受人们的围堵，恨不得把所有人的眼球都吸引到自己身上来。

是的，她们天生就应被仰慕、被赞美，该如诗如画，去代表这绚丽的春天。

我很欣赏这样灿烂的春，却不能理解。

罢了，我只是一株野草，但我拥有的，比她们更多。躺在太阳底下，想着无关紧要的事，想着春天的风，轻轻的、暖暖的，风来的时候，我可以随着风的方向望去，听风讲述，他曾经遇见的，另一些草的事：

两千多年前的春，也是些一样一样的野草，"春日迟迟，卉木萋萋"，那些可爱的采桑姑娘也坐在春天的草地上，听着风中传来黄鹂的歌唱。

一千二百多年前，"随意春芳歇，王孙自可留"，春去了就去了，只要留在这空山里，听风听雨，心中就是满满的春天。

而八十多年前呢，"小草偷偷地从土里探出头来，嫩嫩的、绿绿的。园子里、田野里，瞧去，一大片一大片满是的"。瞧，这说得多好啊，草正用他们最茂盛的生命力，演绎春天！

风还说了许多，许多，我和风都记不得了。

接着，在最春天的春天里，有两只可爱的小熊，来到这山坡上玩耍，眼睛圆鼓鼓的，可爱极了，一只对另一只说："亲爱的小熊，和我一起打滚玩好么？"于是两只小熊推推搡搡地，顺着长满春天野草的山坡，咕噜咕噜滚下去，整整玩了一天。

你瞧，我就是这么喜欢春天。

现在的我们，在喧闹的大时代边上，也应该找片安静的春天的草地，安顿好自己。

想想无关紧要的事，想想风吧……

味中之道·教师作品：

两千年前的快餐——河南蒸卤面

周六中午，我下厨做了一顿老家的家常饭——河南蒸卤面。一年难得下次厨房，我就嘚瑟地把烹制卤面的照片发到了朋友圈。没想到，这条朋友圈竟引起了众多朋友的评论。大家的点评大致可分为五类：第一类是夸我厨艺好的（其实我真不擅长烹饪）；第二类是惊呼"丁老师竟然会做饭，真是不敢相信"；第三类是惊讶于"干的挂面竟然可以隔水蒸，头一次见"；第四类是和自己家乡的面食做比较——"这不就是我老家的焖面吗"；第五类是询问做法，表示要如法炮制的。

为了满足朋友们的各种好奇心，我就向大家详细介绍一下河南地方名小吃——蒸卤面。

河南蒸卤面也叫蒸面条，是河南省排名第二的面食，排名第一的是烩面。河南蒸卤面已经有近两千年的历史，据说是世界上最早的快餐食品。相比驰名于外的河南烩面，蒸卤面似乎更像河南人的性格：低调内敛，忠厚仁义。我这样说是有理由的：其一，这色香味俱全的地方名小吃，渊源出处竟然一概不详，鲜有记载；其二，蒸卤面不像其他地方名吃有老字号，有大品牌，在河南你甚至都找不到专门做蒸卤面的饭店。因为这蒸卤面啊，就是关起门的自家饭，在河南，祖祖辈辈的人都爱吃，家家户户都会做，哪还有人会去饭店吃一碗蒸卤面呢？

说了半天，这蒸卤面到底是啥玩意儿呢？百度百科云："河南卤面，又名炉面、河南蒸面，是一道色香味俱全的地方名点，属于豫菜系。该小吃是由各种配料做成卤汤，与面条、配菜两蒸两拌制作而来。"我接下来给各位看官，介绍一下这道河南名点的烹制方法。

食材：湿面条（家乡人喜欢用机器压制的湿面条，我个人喜欢用干的挂面，一是方便，二是觉得干挂面蒸出来更清爽，不粘连）、青豇豆、黄豆芽、五花肉（不喜欢吃猪肉的，也可用牛肉替代）、姜、葱、蒜等。

调料：食盐、鸡精、生抽、老抽、料酒、五香粉等。

烹饪流程：

1. 备料：将青豇豆择净，洗净，然后切成两厘米左右的小段，备用；黄豆芽泡水，洗净，备用；姜、葱、蒜切碎备用；肉切成肉丝备用。

2. 一蒸：蒸锅加水，笼屉铺上笼布，将干挂面一层层纵横交错摆放于笼布之上，注意不要压实，尽量保持面条蓬松，以免粘连。摆好后，用大火蒸大约20分钟。

3. 做卤菜汤：面条开始蒸之后，不要闲着，可以用另一个灶头做卤菜汤了。炒锅倒油，油热之后倒入姜、葱、蒜碎段爆炒，喜欢吃辣的可以放点青椒一起炒；然后倒入切好的肉丝翻炒；接着倒入青豇豆段，继续翻炒；最后倒入黄豆芽，一起翻炒。等豆芽变软之后，开始倒入各种调料，比如生抽、鸡精等，老抽是一定要的，不仅入味，更主要是后面为面条上色，否则最后蒸出来的面条都是惨白色的，严重影响食欲。最后倒入清水，一般以淹过锅内的炒菜为准，剩下的时间用中火慢炖即可。炖的过程中，可以尝尝菜汤的味道，如果太淡，可再放入自己喜欢的调料。

4. 一拌：等面条蒸好了，卤菜汤也基本炖好了。蒸锅关火，笼屉上的面条已经从干硬变柔软了，将蒸好的面条放到炒锅内和炒菜、菜汤一起充分搅拌（如果觉得炒锅内的菜太多碍事，可以先把菜捞出来放到其他器皿中），干干的面条充分吸收菜汁的味道，面条与菜汁完全融合。厉害的厨师放水量刚好，最后拌完面，炒锅内的菜汁一滴不剩，这是最理想的境界。

5. 二蒸：把拌好的面条、菜一起放回蒸笼上，继续开火蒸大约10到15分钟即可，这次蒸的目的是为了让面条和菜更加融合，更加入味。

6. 二拌：有些地方比较讲究的，在吃的时候，还会在蒸好的卤面上撒些用芝麻香油拌过的韭菜碎、黄瓜丝之类的配菜。我老家通常不这么吃，而是会配一碗紫菜西红柿蛋花汤，那种感觉，就俩字：绝配！

做好的蒸卤面，观之金黄、嚼之筋道、闻之幽香，吃起来干而不柴、香而不腻，令人百吃不厌。究其实，原理十分简单，无非是面条和菜汁、配菜吸收各自精华，充分融合，但这味道的融合却体现了我们民族思维中的大智慧——法天地万物之形态，集合万物优点于一身的融合观。

蒸卤面不仅味道好，而且做法和吃法都特别简单，特别方便。从备料到出锅，不用一个小时就可以吃上热气腾腾、鲜香可口的美食。不仅如此，做好的卤面和汤面比，不汤不水，不黏不稠，面条筋道，不会变形，并且容易携带，二次加热方便，可以随时取食。

据说古时它是在路边随时售卖的方便食品,还有个别名,叫"路面"。这简单方便中,不也透着返璞归真、大道至简的智慧吗?

和焖面、炒面相比,蒸卤面没有那么油腻,香而不腻,恰到好处,具有"乐而不淫,哀而不伤"的中和之美。河南人喜欢说"中","中"就是"好""行"的意思。《中庸》首章说:"中也者,天下之大本也;和也者,天下之达道也。致中和,天地位焉,万物育焉。"这一碗小小的蒸卤面,好吃方便,低调内敛、克制谦抑、平和务实,不就是"致中和"的完美体现吗?

学生作品:

面之道

梁怡倩

说起老家山西的名片——刀削面,就两个字:简单。

走进大同一家简朴的面馆,入耳的,是伙计一声简洁的招呼。坐下,要一碗刀削面,后厨的师傅便开始削面了。

削面的步骤、过程虽简,但看高明的师傅削面,无异于欣赏一场艺术表演。只见师傅左手托住刚揉好的面团,右手持刀,对着滚烫的汤锅,嚓,嚓,嚓,一刀赶一刀,削出的面叶儿中厚边薄,棱锋分明,一叶连一叶，恰似流星赶月。面叶在空中如鲤鱼跃龙门，尽情舒展柔韧的身姿，画过一道道优美的银白色弧线落入汤锅。汤滚面翻，条条面叶又似银鱼戏水，煞是好看。有顺口溜赞曰："一叶落过一叶飘，一叶离面又出刀。银鱼戏水翻白浪，柳叶乘风上树梢。"看得人目不转睛，心生期待。

要说看师傅削面是饱了眼福，那么吃刀削面自然是饱了口福。

两三分钟后，师傅把条条银鱼捞出，浇上一勺秘制臊子，面便可以上桌了。

面端上来了。雪白的、热气腾腾的面上是棕色的肉末，外加几根葱绿的小青菜；红汪汪的汤底更加衬托着它的诱人；滴上几滴老陈醋，深吸一口气，醋香、臊子香，还有那本来的面香一齐涌入鼻中。这一碗色、香、味俱全的面不免让人口水直流，迫不及待地用筷子夹上几根面，一吸——面好像感觉到了食客的迫不及待，自动滑入口中。咀嚼几下，面又显筋道，越嚼越香，食客把面吸入口中的速度自然也越快。一直吃到碗里只剩油汪汪的汤底，用筷子反复在汤中寻觅，"漏网之鱼"却已一条也不剩。

刀削面的做法、吃法简单，它的起源自然也是简单的。

相传，蒙古人入主中原后，怕汉人造反，将家家户户的金属器具没收，十户用一把厨刀，切菜做饭轮流使用。一天老婆婆和好面后，叫老汉去领厨刀。老汉去时，厨刀已被别人拿走，只好空手而回。他回家途中捡到一块铁片，揣在怀里。到家后，锅开得直响，全家人等着切面条吃，老汉急得团团转，情急之下，想到怀中铁片，遂用铁片削面，浇上卤汁饱餐了一顿，边吃边道："好得很，好得很，以后不用再去取厨刀切面了。"就这样一传十，十传百，传遍了晋中大地。

在那个兵荒马乱，琴棋书画无暇顾及，生活统统变成柴米油盐，许多家庭都难以饱餐一顿的时代，祖先用手中一块简单的铁片、一团普通的面和一口简陋的锅，却削砍出了一条不简单的生活之道。也许有人觉得这太简单，但谁又能否认，我们的生活，平凡或不平凡，普通或不普通，都是由简单的东西构成的呢？这点，在美食方面也不例外。正是这简单平凡的刀削面，构成了几百年前祖先生活中最基本的，能让千千万万家庭免受饥寒之苦，能让晋中血脉顽强地延续下去的生活之道，因而在平凡中又有些许不平凡，甚至伟大。

出口成章，琴棋书画诗酒花为道，乃学问之道，高雅之道。

刀削成面，柴米油盐酱醋茶亦为道，乃生活之道，至简之道，大道！

山水行迹·教师作品：

黄山行记

水墨丹青入画屏

早餐后从汤口东岭车站乘坐景区大巴到云谷寺，购票后乘缆车到达白鹅峰，用脚丈量黄山的旅行由此开始。

拾级而上，对面的山峰与黄山松都淹没在浓浓的云雾之中，丝毫不露真颜。正遗憾之时，山间的云雾似乎在变薄，很快奇松怪石扯去了云雾神秘的面纱，黄山清晰地呈现在我眼前。拿起相机刚拍了两张，还没来得及合影留念，云雾又把山峰包裹进去了。变幻无常、神秘秀美，这是黄山给我的第一印象。

"不到始信峰，不见黄山松"，一路走来，先后与黑虎松、龙爪松、连理松等奇松相遇，充分领略了黄山松的奇美。登上始信峰，站在悬崖峭壁之上，远眺猴子观海、观音朝海，手扶危栏远望云海山岚，更觉心旷神怡，奇妙无穷。

从始信峰下来，前往北海，路经妙笔生花处，合影数张，不由暗自赞叹造物鬼斧神工之妙。一路向上，路过清凉台，清凉台上，山风拂来，全身通透，清爽无比，这时远眺云海和山景，如蓬莱仙境，感受又是不同。

登临狮子峰最高处，坐在峰顶岩石的最前端，手抓栏杆，眼不敢望山下。从狮子峰沿原路折返，往光明顶进发。这段2.5千米的山路是今天最辛苦、最挑战耐力的，我背着沉重的背包，每走200米左右就要坐下来休息，耳边除了山鸟的啁啾声还有游人粗重的喘气声。此刻只有一个念头，那就是赶快到达光明顶的宾馆，一路山景虽好，却无力顾及了。

山上天气阴晴不定，刚刚还是晴天，突然就黑云压城了。刚到宾馆门口，雷声大作，既而大雨如注，感谢天公如此眷顾，让我们免受雨淋之苦。回房间休息了大约40分钟，体力稍微恢复，拉开窗帘一看，外面已经是阳光明媚。经过雷声与雨水洗涤过的黄山更加美不胜收，山谷间的云岚洁白飘逸，原本有些害羞的山峰此时清晰地露出美丽的容颜，我们迫不及待登上光明顶，尽情欣赏这雨后黄山胜景。

从光明顶往飞来石方向大约走半个小时，即可到达飞来石。近观，其状为一耸立消瘦的山石，孑然长在一陡峭的石笋峰上，孤寂，又卓然独立。勇敢攀上这石笋峰，战战兢兢站在飞来石最边沿，向远处眺望，夕阳映照之下，近山远海，云海为白，山峰为黛，山峦一层层向远方延伸，似乎没有尽头，真的是一幅绝妙的水墨丹青了。

为了那若初见的相逢

夜宿山上的白云宾馆，白天的劳累使得晚上的睡眠特别香甜。但为了看黄山日出，只能艰难地战胜睡意。早上四点半起床，气喘吁吁爬到光明顶，发现还有一大批比我们更早的人，观景台上早已人头攒动了。

据山上气象台的预报，今天早上能看到日出的概率是50%。放眼望去，整个黄山被一层层厚厚的云雾包裹，我对今天能看到日出并不乐观。但一阵风吹过来，云雾就被吹走许多，还没等人们的欢呼声结束，新的云雾又接踵而至，填充前云腾山的空间。就这样，黄山的云雾在人们欢呼声、急切声、沮丧声中前赴后继。在反复几个回合后，云雾越来越薄，可以看到远处的天边有微微的红黄色，所有人屏气凝神，因为太阳就要从茫茫云海中跳脱而出了。

天空的红色越来越浓，被红色晕染的天空越来越广阔，没有丝毫的犹豫，半轮红日突然跃出云海，宛如含羞脸红的处子乍现的半张羞涩容颜。在人们的尖叫声和相机快门的咔嚓声中，红日的另一半也缓缓钻出云层。等到圆圆的红日整个挂在黄山之巅时，刚才的喧闹霎时安静下来，所有的人都为这天地之美所震慑，所吸引，所陶醉。近处是黛青色的山峰，远处是山谷间的云雾，再远处是云雾中的红艳妩媚夺目的朝阳，偶尔从山涧飞起的鸟儿从远处看宛如在太阳边盘旋，真不知此处是人间还是仙境了。红日越来越大，红黄色逐渐染红了整个天宇，太阳的边缘与天空逐渐融化在了一起，意兴阑珊的人们才逐渐消散。

观完日出，简单用完早餐，开始了下山的旅程。一路行经鳌鱼峰、鳌鱼洞、猪八戒照镜子、百步云梯、莲花峰、玉屏楼、迎客松等著名景点，继续感受黄山奇松、怪石、云海等自然界赐予的美妙景观，最后乘玉屏索道下山。

因昨天下午下雨，遗憾没有走完西海梦幻景区，但黄山之行还是让我充分感受到了黄山不同侧面的美：云雾黄山的朦胧神秘之美、雨中黄山的变化清新之美、灿烂黄山的明净澄澈之美、晨阳夕照黄山的色彩变幻之美……黄山是能代表中国形象的一座山，因为黄山之景处处具备中国画的美学元素，还因为黄山与中国的传统文化紧密交融、不可分离。黄山不仅是人类的自然物质文化遗产，还是人类非物质文化遗产。面对这样一座气象万千、包容万象的山之集大成者，不留点遗憾是对不住她的。留下的遗憾是为了下次的重逢，期待再见黄山。

亲近中国画里的乡村

从黄山下来之后，没有停歇，直接坐上了开往宏村的班车。

竹海、芦花、山茶、清溪、路边粉艳的山花，还有粉墙黛瓦的马头墙，这是皖南山区给我的最直接的美的感受。这种美是自然与人的活动综合在一起的，但丝毫感觉不到有人为的因素，反而让人觉得它本来就应该是这样的，缺了哪一种元素都会给这种美打了折扣。

在这样的整体环境里，每一个村落都是可以入画的，并且只能入中国画，其中尤以宏村、西递最典型。

走进宏村，我才知道"中国画里的村落"不是一句带有夸张成分的旅游宣传语，而是对宏村特点实实在在的提炼与概括。

进入宏村，首先要经过一座古老的石桥，桥下是清澈的流水，桥的那头是棵几百年树龄的古树。村里人婚嫁必须要绕古树一圈才能进村出村，古树俨然是古村的守护神。我们从这里开始亲近宏村,走在青石板铺就的巷道上,抬头可以看见式样迥异的马头墙以及在墙头黛瓦映衬下的蓝天白云。巷子里流着淙淙的山泉水,不时有村民在淘米,洗菜,洗衣。

村落的中心自然是宗祠所在。宗祠面对一弯月牙形的池塘,名曰"月沼"。环月沼的是各式各样的民居,民居大小不一、造型不同但都一样的白墙黛瓦。此时正值夕照时间,夕阳的余晖照在白墙之上,墙壁便涂上了一层淡淡的粉色、黄色,粉黄色的墙壁、黛青色的屋檐倒映在清澈的月沼里,真是一幅绝妙的水粉佳作。

晚上入住宏村茶行弄里的张公馆。张公馆是一座古民居,除了房间内部增设了卫生间等现代设施,其余一切未变。洗漱休息后,坐在院子里的茶桌旁,和公馆里的老大妈嗑着瓜子花生,聊着闲天,会说话的八哥鸟在不停地喊着一只名为"宝宝"的白色大狗。门角的紫藤萝长得很茂盛,几枝藤条已伸向了湛蓝的天空。晚餐是张公馆家戴师傅烧的一荤一素,很可口,很家常。这样的生活让人暂时忘却了外面世界的喧嚣与奔忙,有这样的一个老宅和这样恬淡的生活,真是赛神仙了。

记得在黄山光明顶,听到一位游客调侃的一句话:旅游就是从一个自己活腻的地方到别人活腻的地方去活一活。是啊,我们总是厌倦自己一直生活的地方,认为真正的生活总是在别处,换一个地方生活会无限美好。"生活在别处",法国诗人兰波创造了这句话,写在巴黎大学的墙壁上,然后米兰·昆德拉以其作为小说的书名。后来这句话成了跃纸欲出的响亮口号,其原因不仅在于它本身就是一个美丽的、充满生命活力的句子,而且它还代表了我们每个人在对当下的生活不满意时,想象能过上一种美好生活的理想吧。

补记:下午回到了黄山市区,住在了屯溪老街口客栈。晚上到老街第一楼吃了一品如意鸡、黄山臭桂鱼。吃完饭后顺路逛了一下老街,我买了一个龙形笔架和一块二两的唐墨,和开店的老先生请教了墨的制作工艺以及"唐墨"命名的由来。最后在街尾的一家铺子里,治了一方寿山石的个人印章。黄山自由行满载而归。

学生作品:

给我一座,山!

王 亿

一

高铁,一头扎进密密匝匝的山里。

我看到山是二维的,远山与近山云里雾里地交叠成一座,苍翠的树木用其最浓郁的颜色交织在了一起,再也无分彼此,宛如最调和的水彩。我看到树是一维的,纤细的白桉如丝如缕,让人失去了辨别远近大小的能力;它们拉近了我与广袤无垠的原野之间的距离,仿佛漫步在史前的巨大森林里。

隐隐地,我听到有一座古镇在唤我过去。

它叫黄姚。

二

我不能理解。

骄傲的大镇门后躺着这样苍凉的景色。十米宽的马路气若游丝地通着车,两旁是向刚进门的游客推荐回程车的司机。

走过黄沙夹糅的石板路,再见到一棵旁逸斜出的古榕,一切才明朗起来。小路试探在山溪的边缘,一侧依山,一侧与浑而碧的溪水落差着。缘溪行,不久便见到一条土色的巷子。沿着两座泥坯房的夹缝走,头顶的天空显得狭窄;几根昏黄毛糙的木梁横亘两旁的高处,支起同样不整的土黄色屋檐。在这道夹缝里,一切看起来都和谐无比:古老开裂的瓷盆叠在门口,同样古老的麻雀只只立在古老的电线杆上。我不禁追忆它们年轻的样子。

三

到了街上是万不可抬头的,因为那样你会看到斑驳剥落的墙上挂着巨大的彩灯招牌，不堪重负；到了街上却是万万要抬头的，因为只有这样视线才能避开人流，飘到茶黛色的古典屋顶与远处的山。

远处的山是明艳壮丽的，阳光勾勒出它们巨兽般的耸起的毛发；一些陡壁上攀不上树木，只有刀削般平整的黑白色山岩，闪耀着平静的光。远处的山又是幽雅袖珍的，云雾渲染得山体的墨绿悠悠深邃，树木的紧凑掩盖了树冠之下的部分，好像一座座山只是眼前被端详的苔石。

我不敢直视山的沉默，它好像要把我从这昔日繁华的街道里吸摄走。

四

中午下了场雨，因奔波劳累的我在小憩中错过了与它的一场邂逅。

一条长得差强人意的黄狗被拴在一洼水中焦急地嘶吼，一边时不时地用前爪在水洼里翻找着什么。

墨色的云抑在头顶久久不去。雨已下过，气氛在隐郁的清寒中焦灼起来。酒店门前横着一条小道，攒聚着摆卖豆豉的摊子。雨后，脚下的泥沙与灰色的云翳茫茫相接。猎猎的风声把叫卖声和千篇一律的咸辣味搅得黏稠不已，挑战着人在阴雨天穹下为数不多的耐心。我抬头看见对面的湖，湖里有灰色的天空、绿色的远山和孤独的一座亭。

别人说水波是粼粼的，我说水波是鳞鳞的。千万细小的银色在水面交叠，好像蛰伏地底的巨鱼的某一处皮肤。这些波痕在勉强透出乌云的阳光下闪耀着令人目眩神迷的宝光，却使得其下的湖水清者自清、浊者自浊，显得更加漆黑低迷。

远山静伫。

五

古镇的夜幕降临。

我想起"长安一片月，万户捣衣声"，想起"东船西舫悄无言，唯见江心秋月白"。

但这不是。

霓虹灯撕裂了远山的沉默与星空的无为所共筑的安详夜色。

光滑的石板路上没有立足之地，每一寸墙上都是闪光灯影。人群摩肩接踵，推推搡搡。好容易钻出去，到了一处人少的地方，才明白僻静是有代价的：白炽灯高悬在漆黑的灯柱上，发出凛凛的惨烈白光；当地的艺人抱着手鼓清唱着晦涩的歌谣，在凄风寂夜里缓缓飘荡。茶色的屋顶上泻下皎洁的月光，灰白的几处墙体后传来悲寥而悠长尖锐的阵阵蝉鸣。明月夜里，某处桥下，岸上的灯火嘈杂与隐隐的浅吟低唱声交织，宛如鲛人垂泪般明亮。

我忽然感到了近乎绝望的迷茫，感到都市的喧嚣与闹剧从未远去，那是一种湮于茫茫人海中的无所适从。我想要对着与黯黯天际浑然一体的群山倾诉，可又偏偏无可奉告。我仿佛回到平日无休无止的纷争里剑拔弩张，皎皎月色，化为寒窗独明下的刺目纸张，化作令我心底战栗的一切苍白之物。我好像一个怕极了生人而躲进厕所的孩子。

饭吃得很晚，等我们结束时，一切也落幕了。镇里唯一的剧院终于也熄了灯。街上有父背子，母携女，三三两两地散了。从楼上看，山已经看不见了，只有其上的白色电线塔若隐若现。卖车载CD的小店的独唱，婉转升上天际飘散。

母亲走过来，问我在看什么。

我说："在看败落与繁华。"

六

高铁缓缓钻出山的重围。远山欲言又止。

也许这次古镇之行，我不久会淡忘。但是无论多久、多远，每当我从窗口向外眺望，定然能瞥见一张古朴清秀、波澜不惊的脸庞。那是广西的蛮莽山峦。

冰冷的高铁不会回头。分别的一刻，山峰从此淡出了。我听到遥远的呼唤，我终于明白：沉默不是沉沦，而是在追逐自我。

我在心里暗暗地呐喊：给我一座，山！

没有回应。

考场写作·教师作品：

原来这么简单①

"原来这么简单。"

看着试卷上的这个作文题，我不知为何竟会有恍惚之感。

是说今年的这个题目简单吗？似乎是，似乎又不是。我提起笔，却没有写下第一个字的果敢与勇气。因为我的脑子里像海浪一样涌来了许许多多"原来这么简单"的回忆。

最清晰的记忆应该是六岁时。之前的日子，我天天骑着三轮自行车在小区里横冲直撞，尤其喜欢从一个长长的斜坡往下冲，那仿

---

① 2018年广州市中考作文题

请以《原来这么简单》为题，写一篇作文。

要求：1. 文体自选（诗歌除外）；2. 600字以上；3. 文中不能出现考生姓名和所在学校名称。

佛带着呼啸声的风和两旁快速掠过的模糊绿影，让我有一种莫名的快感，虽然那时我并不能使用"快感"这个词语。我觉得自己就是驾着风火轮的哪吒。可六岁那年，爸爸突然要把我的坐骑去掉一个轮子，因为小区里同龄的孩子都开始骑两轮车了。同样在小区的空地上，原来稳稳地站在那里的坐骑耍赖地躺在地上，就像妈妈不给我买玩具，我耍赖地躺在地上一样。如何骑上这匹不受控制的坐骑似乎是很难的一件事。还好爸爸在后面扶着自行车，我终于可以骑上去了，骑上去的感觉更加令人恐惧，车轮行进的方向根本不受我控制，我和我的自行车一起冲进了路边的灌木丛里……我恐惧着、沮丧着、放弃过，不过两周后，我又成了那个骑着两轮自行车风驰电掣的追风少年，我第一次明白："原来这么简单！只要我肯用心掌握要领并勤于练习。"

可是，我不能写这个，阅卷老师一定会说我的选材幼稚，都初中了还写幼儿园的事。还有近十万考生中一定会有很多和我一样幼稚的人写小时候学骑车、学走路、学滑冰的……题材雷同，会让阅卷老师审美疲劳的。

我想起了八岁那年和爸爸妈妈爬黄山，我走完西海大峡谷后，精疲力竭、脚腿疼痛地登上光明顶，在看到壮美的落日时，第一念头也是"原来爬黄山这么简单"。可是，爬山的素材也太普通了，我也不能写。

我又想起了初二那年学校组织的那次拓展活动，我和好朋友站在了八米高空中两条呈"八"字形排列的绳索上，我和他各踩一条，手掌相抵，互相支撑着往前走。随着绳索的开角越来越大，我浑身每个细胞似乎都在颤抖，汗水流淌成了小河，我第一次感受到了绝望，无数次想放弃。但在他的鼓励下，我们竟然走到了终点，我下来后，和他击掌一笑："原来这么简单，不尝试还真不知道。"可是写这个，选材依然不新颖、立意依然不深刻啊！

…………

时间在一分一秒地流逝，可是我还没有开始动笔，可以采撷的花很多，但不知道阅卷老师喜欢的是哪朵？考场写作，真的不容易！我也想做"二句三年得，一吟双泪流"的贾岛，可是我只有四十分钟的写作时间啊。我也想像诗圣那样"为人性僻耽佳句，语不惊人死不休"啊，可是没有分数我怎么去那所梦寐以求的高中……只有30分钟了，再不写，我真的就完了。我不再犹豫，拿起笔，开始写上面的这些话。

语文考纲不是提倡我们写真话，抒真情吗？语文专家不是提倡我们写作时应遵从自己内心的声音吗？被语文老师誉为"语文魂"的叶圣陶先生不是说"写文章就是写话"吗？如此看来，写文章之事，原来这么简单！我动起笔，试卷上的文字流淌成一条活泼的小溪。

希望每一次的作文评阅都能让像我这样的孩子爱上写作！希望每一位阅卷老师都能给每一位认真书写、用心用情感悟生活的孩子一个恰当的赞许！

学生作品：

原来这么简单

沈钰雯

世界上最令人懊悔的不是失败，不是行动后没有结果，而是一次又一次地站在门边，看着外面的世界，却从来不敢迈出那道门槛。

还记得有一次上课时，老师提出了一个问题，并给了我们组织答案的时间。我翻着书，迅速地寻找信息，脑海中渐渐有了答案。

时间到了，老师开始提问，班里一片寂静。我在脑海中一遍又一遍地组织着语言，教室内仍是一片寂静。我抬起头来，可手却怎么也抬不起来。忽然，老师一转头，鼓励的目光遇上我那犹豫的小眼神，让我有些动容。正当我转念之间，老师已经喊一男生起来回答问题了，本想着在男生答完之后再回答的，结果，他答的一大半正是我所想的，我只得作罢，心中懊悔不已。

这件事在我心中久久不能释怀，我渐渐明白，其实最大的遗憾不是没有结果，而是还没开始，心里就打起了退堂鼓；最令人懊悔的不是失败，而是我本可以。

其实人生并不一定要等到万事俱备了才开始，太多的开始都是跌跌撞撞、懵懵懂懂、似是而非的，但有时一旦开始，却又奇迹般地坚持了下来。

事隔几天再一次上课时，我下定决心，鼓励自己要勇敢举手，"莫待无花空折枝"。

老师上课时又提了一个问题，只是这一次他并没有给我们讨论组织答案的时间，而是直接询问答案。我一边翻书，一边飞快地组织句子，答案中的句子散在书中的各个角落，但已经来不及连成一段话了。同学们已经把答案说得七七八八，马上就要说到我的答案了，我心一横，坚定又小心地把手举高。

紧接着，我被叫了起来。或许是有点紧张，我说话都有些结巴，我尽自己最大的可能把我的答案讲清楚，然后坐下，在心里长舒了一口气。其实举手这件小事原来这么简单。

就这样几次纠结尝试之后，我的内心开始有些豁然开朗，其实尝试一下就会发现，困难并没有我想象的那么复杂，只要勇敢地迈出自己的第一步，就会发现胜利就在不远处。

不要在犹豫中耗光所有的勇气，试一试，你就会发现原来这么简单。

附录

他，给了我感知美的力量

朱文君

丁之境先生是我初中三年的语文老师，我曾经是他的语文课代表。

近来我看到丁老师的朋友圈，他还是和以前一样，对语文教学充满了热情，微信九宫格里贴满了学生的优秀作文，用红笔画出一道道波浪线，标举学生们优美的辞藻和飞扬的灵感。比起成绩单和排名，这些文字似乎能带给他更多的满足与喜悦。

语文教学对他而言，不是功利性的分数，而是美的启蒙。我还记得，丁老师在第一堂课上就告诉我们语文是美的，他给我们读了一篇名叫《冷香飞上语文》的文章，题目化用了姜夔的"冷香飞上诗句"。他想告诉我们的是，语文首先是美——形式与内容的尽善尽美。他的语文在云上，他想带我们一起飞翔。

为了让我们踏入美的殿堂，丁老师布置我们每天做积累作业，摘抄文笔优美的句子和段落。从此我读课外书就有了光明正大的理由，那是我最喜欢的作业。正值人生中最爱阅读的时光，我对文字十分挑剔，常常是读了很多才能选出一些满意的词句。时间一晃而过，我才发现自己沉浸其中，差点来不及完成其他科目的作业。明明可以敷衍摘抄，明明可以多做一些数学和物理习题，我却还是"舍本逐末"了，因为喜欢。

由于丁老师对美文的提倡和褒奖，在作文纸上爬格子成为我当时的最大乐趣，自卑的我从不辍的笔耕中获得了最初的信心。那时候我敏感忧愁，心里装满了矫情的痛苦，纤细的神经末梢战栗着伸出来感受令人困惑的世界，现在的我回头看是要发笑的。那是我最需要写作的时候，心底的河流必定要冲刷出纸上的沟壑。写出来以后又有新的郁结，因为人外有人，天外有天，总有同学比我写得更好，总有更新奇阔大的视角，更华丽成熟的表达。为了幼稚的文人间的竞争，我唯有多读书，绞尽脑汁字斟句酌地写下去，因为写作，也结识了最好的几个朋友。

丁老师想从作文里看到我们对世界真实的感受，总能辨出抄袭的痕迹。同样是写冬天，一个同学从参考书上抄了一篇描写大雪的范文交上去，分数下来大跌眼镜，向我抗议道："我抄的满分作文，怎么可能不如你自己写的？"我在作文里平淡地叙写了南方没有雪的冬天，属于我的冬天，却得到了老师高度的赞扬。他让我明白了，我手写我心，自己的喉舌要发出自己的声音，真实的表达才珍贵。

康德说，美是非功利的。美是一座心灵的山谷——鸢飞戾天者，望峰息心；经纶世务者，窥谷忘反。一生中大大小小的试考了无数，我渐渐明白如何揣摩出题人的意图，掌握应试技巧。但如果仅仅学会这些，我们可能会变得短视，功利，贫乏，空洞。在课业的长期压榨下，中国的孩子很难接受到美的教育。我在欧洲的美术馆看见老师们带着一群孩子参观并耐心讲解的时候，非常羡慕。我们只能通过上语文课来感知美和创造美。唯有文学之美能在陶冶性灵的同时，带给我们成绩上的收益。我深深感激丁老师在我们价值观塑成的重要阶段，培养了我们对美的向往与对人文的兴趣。

　　丁老师的影响，一直到我在高考后毫不犹豫地填了中文系的志愿，一直到我被调剂后踏入转系面试的大门，老师们问我为什么想转到中文系来，我回答说我想成为作家。我听见他们发出了然的哄笑，说中文系不是培养作家的地方。后来事实印证了他们的预言。我在读了七年中文系后彻底告别了方块字，出国去对付拉丁字母，兴趣转向了其他形式的艺术美。我变得豁达而愉悦，却丧失了对表达的迫切渴望。然而我如今敲下的一字一句，都源于当时为语文垒下的一砖一瓦，厚积薄发。我要不忘初心地追求美，追求那一抹飞上云端的冷香。

　　（朱文君，广东实验中学毕业生，本科就读于南京大学中文系，研究生毕业于复旦大学中文系，目前在法语布鲁塞尔自由大学攻读戏剧研究博士学位，业余时间从事戏剧编导工作。）

道是无痕却有痕
——记我的语文老师丁之境

杨博宇

丁之境老师是我初中三年这段关键旅程里极感念的一位引路人。当年他给我的教导在今天仍觉深刻,尤其难忘的是,他在十多年前的那个当下,在我自我怀疑时予以鼓励,在我自以为是时当头棒喝,在我将入歧途时指点迷津。而这些关于人生的道,都是巧妙地融合在他的语文教学里的。

我们是省实初中部仅有的一届省创新实验班,每位同学都是来自各地市各学校的尖子生。丁老师全程目睹了我们是如何带着各自的光环开始了初中的生活,又如何在之后的一个学期里感到了人外有人的压力而变得"低调"甚至低迷。其中一个具体的表现就是上课举手的同学越来越少。到初一下学期，有时会出现整节课无人主动发言的情况。我记得当时班里弥漫的情绪是，举手发言是一种张扬，而张扬就是显摆，就是班门弄斧。当时的我，刚好也处在对自己过去六年形成的傲气进行反思的阶段，"要合群，要和大家打成一片"的心态让我也变得沉默寡言。课堂的这种变化，丁老师肯定看在了眼里。一次课上，当同学们再一次陷入沉默后，他冷不丁地抛出了一个问题："大家是不是觉得回答老师的问题是一种张扬？"迎着大家望过来的目光，他接着说："回答问题，答对了，可以帮大家巩固；答错了，可以帮大家避免错误；提出疑惑，可以启迪同学思考。何乐而不为呢？"他顿了顿，接着语气坚定起来："如果张扬的东西是有益的，张扬又有什么问题呢？我欣赏这种张扬！"我觉得这段话是对大家说的，又似是专门对我说的，我有一种说不出的茅塞顿开的感觉。丁老师就如内功高手，轻轻一掌就打通了我一处闭塞的穴道。相信有这种感觉的同学，绝不止我一个，因为自那堂课后，同学们慢慢又恢复到自由表达、踊跃发言的状态。我后来到国外读书，觉得参与课堂讨论是件自然而然的事情，毫无心结挂碍，这得益于丁老师当年的引导。现在想来，在我要陷入自我怀疑的迷思中时，老师的鼓励是多么重要且及时。他还让我懂得了一个道理，张扬与内敛只是个性的两面，本身无错，也没必要为了迎合他人而去改变，只要是对的、有益的事情，就应该不带顾虑地去做。

有一段时间，丁老师为了培养我们认真写字的习惯，特别重视每天要上交的练字作业。我对练字颇有些不以为意，诸如把文章写好才是根本，书写不过是表象之类的借口，我能想出一箩筐。有天早晨，要交临摹作业，我到了学校才发现不但忘了做，还把字帖落在了家里。我急中生智借了D同学已经摹好的一份，以此为底，做了份"临摹上的临摹"，交了上去。第二天，在惴惴不安中我还是等来了丁老师的批评，并且是严厉而有针对性的："最近的练字作业，有些同学开始松懈了，特别要批评杨博宇，昨天的作业写得一塌糊涂。"我知道自己有错在先，但内心很不忿，我临的是D同学的字，她的也好不到哪儿去，凭什么独独就批评我？我没能忍住，脱口而出："老师，我是临摹D同学的作业的……""我不管你是从哪里临摹的，如此态度实在令我失望，下课来办公室！"丁老师厉声说道。在一片凝重的寂静中，我涨红了脸，心中汹涌着万千的不服，这种情绪一直延续到下课后去见他。"觉得我没有批评D只批评你很不公平是吗？"丁老师一眼就识破了我的那点心思。我为了面子，言不由衷地说："我知道了，今后有则改之，无则加勉。"心中仍然憋着一股气。但丁老师接下来的话让我一下子成了泄气的皮球："D临摹得是不好，但是她昨天就来找我说明了情况，并承诺会好好练字的。"看着我眼中闪出惊讶的光，丁老师接着说："练字不是为了让你成为书法家，而是为了让你养成认真书写的习惯。我批评你，也是希望你能正确面对自己的过失，勇于承担后果，而不是把责任推到他人身上。"在那个时刻，我完全折服在了这番有情有理的教导之下，不但意识到在课上公然要拉D下水实为失态，而且也开始理解练字这项作业的用意。现在想来，当我要掉进自以为是的陷阱时，丁老师严厉在理而有艺术性的引导，使我能冷静下来重视习惯的养成，并开始正确认识自己。这既是写字之道，更是做人的道理。

  语文离不开写作，丁老师特别重视的另一项作业是我们的随笔写作，每篇随笔后面都有他的点评。由于两个班每次上百篇的批改量，丁老师的评语多为简评，然而我印象中鲜见重复笼统之语，往往是言简意赅，直击要害。老师的重视也让我们全班都很认真对待这份练笔的作业。我当时自诩是写作能手，更是愈发想以此作业来表现一番。记得一次恰逢文思枯竭，竟干坐了半小时不知道写什么。想着过去拿过的一连串A，实在不能丢脸，"急中生智"，不如就写写回家路上见到的那个小贩吧。其实我一次都没有光顾过他的生意，只是远远看过，印象中好像是骑单车卖棉花糖的。于是，运用上课学到的人物描写技巧，愣是拼凑出了一篇"写人"的文章。写完时，自己还有些沾沾自喜的小得意。几天后作业本发下来时，我满心期待又一个鲜红的A，可是我前后翻了几次，没有找到丁老师的评分，只看到他在文末写的几句评语："人物没有灵魂，疑似杜撰。写作忌虚情假意，艺术创作也是需要有生活基础的。"我翻腾的心绪里既有惊异，也有羞愧：惊的是丁老师的火眼金睛，羞的是自己的写作态度不正。直接的评语加上空白的评分让我意识到，拼凑这样的文字是没有价值的，不但于自己无益，更加是浪费读者的时间！那天放学后，我第一次近距离地走近小贩，发现他卖的根本不是棉花糖而是糯米糕，我第一次认真观察了他的制作过程，主动攀谈后还了解了他的人生故事。这些恰巧被我写进了一次考试的作文中，我一气呵成，获得了高分。现在想来，在我要进入虚情假意的写作歧途时，丁老师及时将我拉回头，让我第一次切身体悟到人情练达皆文章，而人情之本，首先便是真诚二字。

十多年后，当我把这几件小事串联起来，我清晰地发现，丁老师追求的是以文立人的教育。自然无痕的语文教育，不是为教而教，而是让教育自然生发，让我们向正确的方向生长。丁老师的教导，让我时至今日仍能不断从中汲取养分，踏步前行。

（杨博宇，广东实验中学毕业生，美国哥伦比亚大学经济学硕士。）

为师者，当与孩子共生长

采写　简嘉颖

《孩子》：您曾经说过，并不在意自己的课堂设计是否完美，但却十分在乎学生是否因为自己而喜欢上语文。您能跟我们剖析一下，为什么会如此在乎学生对语文的热爱呢？

丁之境：首先，强制的学习不会在心灵里生根，持久的兴趣，才会产生持久的动力，这是我从自己的学习经历中悟出的道理。因为对语文的热爱，我一直学得轻松愉快且卓有成效。我的每个求学阶段的美好画面都与语文有关，从小我的语文成绩就是众多学科中最好的，尤其是在作文方面。因为这份热爱，在高考填报志愿时，我填报的专业全是中文系。进入大学后，我开始担任校报学生主编，现在回想起来，大学里最珍贵的回忆大都和这段经历有关，那些用笔记录校园点滴的时光，和编辑部同学讨论新闻选题的场景，通宵在编辑部排版以及校对稿件的画面，历久弥新。大学毕业时，我放弃了留校做行政工作的机会，义无反顾选择了来中学当一名语文老师，时至今日仍乐在其中。可以说，爱上语文是我一生的事。我希望我的学生也能爱上语文，唯有热爱，方能致远。

记得德国著名教育家赫尔巴特曾经说过，教学的特权就是掠过草地和沼泽，不能总是让人在舒适的山谷中游荡，相反却让人练习登山，并使人在获得广阔中得到补偿。讲台上的我，知道自己根本没有能力给学生提供任何"补偿"，唯一能做到的就是尽己所能让他们爱上语文，由此而爱上生活。

《孩子》：从教多年，您对语文课堂的热爱有增无减，而且尽力让语文课堂"理想化"，请问"理想化"的语文课堂应该是怎样的？

丁之境：我心目中的理想语文课，应该是在言语实践中提升学生智慧，在情感体验中丰富学生心灵，在精神涵育中发展学生思想。

理想化的语文课堂应该是生长的，是自由、快乐的，并能真正触及学生心灵的。美国教育家杜威曾强调："教育过程本身要考虑到儿童的兴趣和需要，要让儿童享受到成长的快乐与幸福，而不是单纯为未来做准备。"我觉得属于老师的心动时刻，不是学生们在考试中拿了高分，抑或自己获得多少荣誉，而是与学生们共同生长的历程。"莫（暮）春者，春服既成，冠者五六人，童子六七人，浴乎沂，风乎舞雩，咏而归。"这是孔子在两千多年前与学生出游的画面，也是我理想中的语文课堂教学场景。带着这一理想，我一直在努力，尽量让我的课堂离理想课堂更近些。

《孩子》：您的生长型语文课着实让学生受益匪浅，具体表现在哪些地方？

丁之境：我的语文课对学生的帮助主要体现在以下几个方面：

一是提高了学生语言文字的运用能力，特别是孩子们的写作能力。比如我曾经让学生寒假回老家时寻找家乡的美食，在了解传统美食背后的文化基础上，再通读汪曾祺的《五味集》，最后写出自己的感悟。完成了写作之后，我还设置了"作文点评"环节，邀请全班同学一起参与点评，各抒己见，相互提高。这样一份色香味俱全的作业，学生们都很喜欢。我的学生大多都具有写作的热情，他们把写作当作自己的生活方式，不仅作文成绩很棒，还发表了大量的作品。

二是养成了读书和思考的习惯。一个孩子，不去阅读，就没办法成长，所以我特别重视引导学生读书，读经典，读整本书。在我的教学生涯中，我培养了好多个中考语文成绩140分以上的语文尖子生。他们毫无例外都是阅读狂人。比如2017年广州市中考第一名的倪隽同学，中考语文成绩是148分，她在初中阶段保持着一年近80本书的阅读量。

三是提高了学生精神生活的质量，帮助学生构建自己的精神家园！

我想强调的是，好的教学不只是滋养学生，还是滋养教师自我的过程，丰富教师自我的过程。比如"师生共写"是我作文教学的一个常态，大概是2010年我和学生共写校园中的两棵鸡蛋花树并投稿成功，然后开启了师生共同写作之旅。写完后，我也请学生评价我的作品，将自己放在一个与孩子完全平等的位置上。参与"师生共写"的孩子，收获的不仅是写作技巧，还有凝视世界和生活的能力以及对生命细节和生活细节的敏感。若干年后，希望他们忆起中学时段的青葱时光，不是紧张的刷题，不是频繁的考试，而是对身边万物的感知和思考。

"教育即生长"，而教育又来自于生活。我希望自己的语文课能带给学生智慧的启迪，愉悦的享受，永恒的生长，以至于拥有幸福的生活。

采访后记：去年，丁老师将自己十多年的教学行与思汇集成书——《语文·生长》。仔细品味下来，大概能体会其深意：从"万物生长"到"教育生长"，丁老师的语文教学理念也化归"生长"。这种理念是来

自生命又回到生命的，丁老师的语文教育是真正"为人"的语文教育。

采访时，丁老师举手投足间尽显儒雅。十几年教育教学生涯中，他获得了许多的荣誉，但这背后透着的却是他的不懈探索、感悟、思考、升华，是辛勤劳作的回报。与丁老师谈起学生，聊起语文，说起教育，从他的眼里流露出一种炽热的真诚——那是一位长期工作在教育一线，与学生为伍，视讲台为人生舞台的人方能迸发出的真挚之光。此时此刻我面前的他，仅是那个爱孩子、爱语文、爱教育的丁之境。

（本文刊于《孩子》期刊2019年02期）

一位语文老师的年末成绩单

《羊城晚报》记者　邓琼　实习生　谢小婉

岁末年初，又一个学期结束，广东实验中学荔湾学校的语文老师丁之境也收到了一张"成绩单"——广东花城出版社的"2019年优秀市场图书·畅销书奖"第五名，被丁老师的《语文·生长》斩获。

销量排在此奖前五位的，有茅盾文学奖获得者的长篇小说，还有畅销童书、时尚散文，丁老师的《语文·生长》是唯一的教育类图书。而这本书并非作文秘籍、名师说中考一类，仅仅是这位普通语文老师关于教学、阅读和写作方面的一本个人随笔集。

课堂上"藏"起自己，让孩子们自由"生长"

来到省实荔湾学校初一（1）班丁之境的课堂，正逢他在上本学期最后一堂语文课。短短40分钟里，41人的班上，有15人次的学生起身回答问题或分享自己的见闻感受——这个寒假，初一年级每位学生都要参与以"寻味西关"为题的一个多学科社会实践项目，孩子们上周结束期末考试后，便已经分组去了广州西关老城区"踩点"。而丁老师是其中语文读写专题的设计者，他要在课堂上听学生们的感受，并为他们下一步的阅读和写作做出指导。他先用PPT展示了汪曾祺等四位名作家、黄然等四位省实已毕业的"学长"写美食的有趣段落，再引导学生们从中寻味、品味，然后开始写味；孩子们则从尝试着提问，到信心满满地从老城里的姜醋、鱼皮饺、肠粉中体会出家乡的味道、传承的志气、文化的故事……丁老师时而像主持人穿针引线，时而又甘当配角，呼应发言者的描述，与孩子们一起渐入佳境。

这正是丁老师在他这本《语文·生长》一书里记述的课堂氛围，让孩子们自然生长，如沐春风。

很多观摩过丁之境教学的同行都提到，在他的课堂上，学生都是主角，孩子们不是被"灌"着听、"拽"着走，而是在老师轻轻的"这是为什么""那里有什么呢"的话语中，一步步自己探索语文的门径。

有一次，学生在背诵朱自清先生的散文名篇《春》时，把一句"春天像小姑娘，花枝招展的，笑着，走着"，背成了"春天像花枝招展的小姑娘，笑着，走着"，引来哄堂大笑。丁老师也笑了，然后他引导着大家从这个错处，去体会"定语后置"的语气强调作用。他说："学生容易出错和产生疑惑的地方，往往是最好的教学生长点。"

丁之境说，他从教近19年了，但永远记得自己2002年那一堂失败的公开课，当时他虽然做到了"素材收集充分、课件制作精美、教学板块设置明晰"，却与学生对话艰难，最后只好用"一言堂"的方式仓促上完。由此，丁老师才决心"放弃"自己展示浪漫才情的讲台，在教学中"藏"起自己，把课堂时间更多地留给学生去实践。

写作文"亮"出自己，鼓励学生释放"活力"

"师生同题写作"是丁老师的拿手好戏，也成了《语文·生长》这本书里特别让大小读者"受用"的部分。一片爬山虎、两棵异木棉等，都是鲜活的教学资源，丁老师领着学生们写出了《绽放的生命》《两棵开花的树》等一系列主题作文。

丁老师从来不单独教"写"作文，他将阅读、写作、听说、语文活动都融合进日常教学中，带着学生共读一本书、共写一篇文，开展课前五分钟微作文分享，编印班报，排练课本剧……把语文生长的空间打开，再交还给学生。

丁老师上过一节"春天的诗意——微信写作"课，展示了一树新绿、满枝红叶和落叶坠地三张照片，要学生配上100字的文字拟发朋友圈。一开始同学们基本就在描述照片内容，平铺直叙，有字数限制又难以提炼主题……当他们停滞不前的时候，丁老师却现场写下了一首诗："一树春色近，一树秋意浓；荣也是生，枯也是生；必经的必经，从容的从容……"课堂一下子活跃起来，掌声、赞叹、不服气，孩子们被点醒了，第二轮再交流作品，就开始创作"井喷"。

在孩子们为作文苦恼的时候，看到原本"动口不动手"的老师走下讲坛，也跟他们一样经历观察、构思、遣词造句，还有什么比这更能鼓励他们的呢？因此丁之境班上的学生都特别会说，特别能写。他常常在班上转交报纸杂志寄给学生的稿费。师生佳作经报纸发表，再加上公众号传播、朋友圈转载，学生们劲头十足，家长们更是追看得欲罢不能。

丁之境觉得，教师说一千遍写作技巧，可能不如弯下腰和孩子们一起经历一回写作。用自己收集的素材去唤醒他们的观察，用自己的作品去"刺激"他们的向往和追逐。教与学的通感，让师生间充满了共同生长的活力。

从"自由写作"到"指令写作"，只为引导"方向"

省实荔湾学校的同事说，一进初中，丁老师首先会领着学生进行作文"打假"："不管什么题材，上来就三段排比句，这合适吗？""每到自己没材料可写，就上一段'名人名言'，这算文采吗？"……丁之境说，生长，是有方向的过程。"我不想浇灭孩子们文学的灵感，但也不能放任学生背离这个阶段的现实学习要求。所以我分成自由写作和指令写作去引导他们。自由写作教孩子用凝视的眼光去看世界、看自我，这种写作是为生命写作，自由表达，没有任何限定。在这种基础上，我还要教指令写作，让他们必须依题而作，用特定读者能接受的表达形式和技巧进行表达。"

去年年初，丁老师请一位相熟的文学编辑帮忙点评一位学生的习作《故乡的年》，为这个有文学才华但考场作文总拿不到高分的孩子"把把脉"。这位编辑从创作角度肯定了孩子的阅读积累和灵动表达，鼓励他继续练笔。丁老师回去却并没有转交了事，而是据此设计了一堂以"严谨与清晰"为题的作文课。他结合那篇习作，将"文学创作的评价"与"考场作文的要求"对照评析，仔细讲解了两者的异同，让学生们了解到多备"几副笔墨"不仅是应试的需要，也是为了走向社会做的一种准备。这让那位小作者很快走出了迷茫，后来他的考场作文几乎每次都是列在"第一等"的好文章。

将"生长型课堂"延伸到语文学科之外

很多人觉得丁之境是一个"天生"的好语文老师，文采出众，仪态温文，连"之境"这个名字都时时流露出一种雅洁之气。但丁老师说，能成为今天的自己，得益于一直眷顾他的老师们。

"丁之境"这个名字，是拜他初中的语文老师所赐；高考填报志愿时，选择广东的大学，从家乡河南的乡村奔向南方，也是他高中英语老师为他定下的大方向。当一名好老师,对丁之境而言有种宿命的味道。当他还只是个在镇里上学的初中生时,村里小学因教室修缮,只好改在有宽余住房的村民家里去临时上课,他就曾主动帮着给分到自家的小学生们讲课。他说,那种稚嫩却神圣的成就感,似乎早就在召唤他了。

如今我们无须一一罗列丁老师所获得的各种荣誉称号,或是他班上学生得过多少作文大奖、拿到过多少次中考高分、发表了多少作品,只要听一听孩子们的由衷之言,已足以看出少年们的收获和老师的成就。2017届初中毕业生王本昊曾说:"丁老师的语文课,带给我的不仅是六本语文书的厚度,更是语文二字的重量;不仅是中考考场上八页语文试卷,更是敏锐的文字触感、深厚的人文情怀;不仅是放榜那天白纸黑字的考试分数,更是对待事物的思想思辨、用心用情……"丁老师那本"畅销书"的点题词——"生长",不就是他所致力于建构的教育理念核心吗?他不仅着眼于学生当下的语言、思维和精神的生长,还为学生们积蓄未来生长的能量。

2019年,丁老师还成了省实荔湾学校这所刚招生半年的新学校的执行校长。他构想中的"生长型课堂"已跨出语文学科,在更广泛的领域生长——像本文前面提到的寒假作业"寻味西关",就不再只是语文科读书写作的独角戏,还包括了中英双语绘本设计、数据分析报告、DIY美食模型制作等内容……

丁校长依旧那么不疾不徐，不时在自己的微信公众号"语文之境"中晒出学生们、同行们的好文字，常常为校园里的绿树红花感到惊喜。但我们看到了更多：生长即希望。

（本文刊于2020年1月27日《羊城晚报》）

后　　记

　　寒假的最后一天，我用键盘敲完了最后一个字。

　　望着电脑屏幕上密密麻麻的文字，不知为何，我的脑海里总是浮现出家乡六月的麦田。金黄的麦子在风的作用下，翻滚成庄稼的海洋，田垄的尽头似乎永远在遥不可及的远方。六月的太阳毒辣得很，汗水流进了眼里，苦涩成劳作的泪。我弯着腰用镰刀割下一把把的麦秆，麦子一寸一寸地倒下，我一寸一寸地前进。腰部的酸痛似乎到了忍受的极限，于是挺直腰板想休息一下，但脑部血液的突然回流，让人眼前一阵眩晕，原本明晃晃的世界一下子混沌起来。闭着眼睛，让这种黑暗保持几秒，睁开眼，看到麦垄的尽头依然在遥远的地平线。我想放弃这无法抵达的希望，却不能，只好弯下腰,继续用镰刀丈量这无尽的土地。

我知道终归会割完最后一棵麦子的。所以当我写不下去的时候,我就到阳台侍弄一下花花草草,并在心里不断地告诉自己:终归会割完最后一棵麦子的,然后回到书桌旁,继续用键盘在文字的田野里耕耘。

麦收后,妈妈喜欢用新麦磨成的面粉蒸馒头,咬一口热腾腾的新麦馒头,口齿留香,还带着一丝丝令人回味的甜,这种感觉成了味蕾永恒的记忆和想念。我把完成的书稿打印出来校对,那一页页布满汉字的纸铺满了房间的每一寸地板,就像小时候故乡磨坊里飘落了一地的面粉,还带着麦子的清香。劳作后丰收的喜悦,美妙得无法形容。

我是一位在语文田地里耕耘的农人。我把一节节语文课当作自己的麦田,把汉语言文字的种子种进每个孩子的心田,精心地呵护,耐心地等待,期待每个孩子的言语、思维、情感、精神得到全方位地生长。

这本书是我田野耕耘的记录,共分为三辑:

辑一"语文生长课堂",收录了近年的部分教学案例,这些案例未必完美,但都体现了语文生长课堂鲜明的特色,可简称为"实践篇"。

辑二"语文生长之策",从文言文教学、现代文阅读教学、写作教学三个角度呈现我的语文教学的方法和策略,可简称为"方法篇"。

辑三"共写共生之美",收录了我和学生同题共写的部分作品,用写作的方式来呈现我们不断生长、蓬勃向上的生活姿态、生命姿态。

序言部分,我从个人的成长经历和东西方教育哲学两个角度梳理了"生长型语文"教学理念的形成过程和具体内涵,以此作为整本书的统领。

在这本书的写作过程中,广东第二师范学院姚晓南教授审阅了初稿,对写作体例提出了宝贵的修改建议。华南师范大学的硕士研究生饶凯玲同学帮我查找了大量的文献资料,并主动做了文献综述。对他们的指导和帮助,我唯有深深的谢意!

我还要感谢我的学生,是他们成就了我课堂教学的精彩,是他们让我的人生更有价值和意义,从某种意义上说,这本书应该是我们师生共同创作的作品。

最后,我还要感谢我的家人。为了不影响我的写作,妻子和儿子放弃了假期外出旅行的计划,陪着我蜗居在家,让我安心整理书稿。家人永远是我最坚强的后盾。

在写作过程中，我时时有言不逮意、思路堵塞的时刻，参阅了一些教育专著、论文和资料，我尽力在书中做了注明。在此一并向所有文献的作者表示衷心的感谢！

丁之境于广州

2019年3月一稿

2021年2月二稿